古民家への道

―民家再生　日本を住む―

はるかな世界と広い生活を、長い年々の誠実な努力で、
絶えず極め絶えず探り、完了することはないが、
しばしまとめ、最も古いものを忠実に保持し、
こころよく新しいものをとらえ、心は朗らかに目的は清く、
それで一段と進歩する。

（ゲーテの言葉）

「古民家再生」宣言

「民家」には純粋な日本の世界があります。外来の手法に陥らず、他国の模倣に終わらず、すべてをこの国の自然と伝統から汲んで、日本の存在を鮮やかに示しています。おそらく美しさにおいても、丈夫さにおいても日本の独創性を最も顕著に示しているのは、各地に残る伝統「民家」でしょう。

「民家」には、自然から生み出された健康で素朴な、実用の美を見ることができます。古い「民家」の前に立つと、無名の職人たちの声が聞こえるようです。人々の生活の日常がよみがえってきます。無作為と無心の純粋な用と美の姿があるからです。

わたしたちは長らく、日本建築の本流が「民家」を貫いてきたにもかかわらず、あまりにも普通で身近なものとして気付かずにいました。

すすんでその技術と美しさを引き継ごうとしてこなかったのです。

このままでは、世界に誇る技術と美を失うことになります。

いまこそ、埋もれていた「民家」に光を当てる時です。

新しい価値を見出し、ありのままの再生とあたらしい建設を進める時です。

注・本宣言文は、「日本民藝美術館設立趣意書」「趣旨」（大正十五年）に感銘し、筆者が加筆したものです。

はじめに

わたしたちがいま住んでいる家は、本来の日本の家と言えるのでしょうか？

現在、日本でつくられている家が、むかしからの日本の家づくりを受け継いだ建て方なのかと問われれば、残念ながら、それは違うといわざるを得ません。なぜなら日本古来の伝統民家に学んだ家ではないからです。

伝統民家は、明治期に学術的に軽視され、多くの日本人は、日本と欧米の技術が折衷した家に住むようになってしまいました。

さらに、古民家と呼ばれる、むかしながらの民家が、建築基準法の上では「既存不適格」と呼ばれ、法に適合しない建築とされて、いまも壊され続けているのです。

なぜ、長い時間を生きた古民家が、現代ではそのような建築になってしまうのでしょう。

古来より日本の大工職人は、丈夫で美しく、命を守る建物をつくり続けてきたはずです。

このままでは、世界に誇る伝統文化が失われてしまいます。

この本は、気づかないうちに失われゆく古民家に着目し、忘れてはいけない重要な「理念」と「技術」をみらいに伝えることを目的に書かれています。先祖から受け継いだ、かけがえのない日本の文化を守り、豊かで美しい民家を子孫に伝えるために。

目次

第二章　民家再生の理念　55

第三章　民家再生の課題　75

第四章　民家再生の実践

第五章　失われた百五十年

宮崎県美々津の町並み

序章　美しい日本の民家

古民家に住みたい

どっしりとした屋根に低い軒。一歩足を踏み入れると土間を渡るひんやりとした風。目を凝らすと石の上に置かれた太い柱。見あげると黒々と横たわる梁。屋根裏の暗がりに広がる木組の世界。磨きこまれた床板に続く畳の広い座敷。障子の向こうには明るい庭。縁側の陽だまりに流れるゆったりとした時間……。

古民家に住みたいと望む人はたくさんいます。日本人の日常生活が自然とともにあったころ、丁寧につくられたむかしの家には、生活の豊かさと職人の手の痕跡がありました。古い民家には、日本の歴史や文化が刻まれています。そこかしこに自然との共生の証がありました。なによりも日本の気候風土に根ざした美しい家でした。

わたしたちの先人がつくってきた民家は、丈夫な骨組みを持ちながら随所に手仕事のぬくもりが感じられる心地よい木の家です。このような家は、少し前までは普通に建てられてきたのですが、いつの間にか現代の家は、民家のつくり方とはかけ離れたものとなってしまいました。とはいっても七十年くらい前までは、伝統的な家づくりは健在でした。

この本でいう「古民家」とは、日本が欧米建築の影響を受ける以前の明治二十四年の濃尾地震前までの家を言います。なぜならば、当時日本に招喚されていた外国人お雇い建築家の地震調査を受け、欧米建築の部材が日本建築に移入され、伝統構法が分断されたからです。

土間に建つ「大黒柱」

しかし、外国人建築家による欧米技術導入の最中にも、和魂洋才の気概で、日本の伝統を守りながらつくられてきた家もあります。第二次世界大戦前までの建物には、木組の伝統技術が、大工仕事の中に色濃く残っていたと考えられます。

ところが、戦後の復興の陰で、日本の家は「伝統構法」を簡便にした「在来工法」に変わってしまいました。さらに最近では、プレハブ化されたメーカー住宅や2×4住宅、プレカット工法など、伝統の流れを汲まない建物が一般的になってしまいました。

それでも、むかしながらの伝統技術で、現代の民家と言える木組の家をつくっている職人たちは、まだまだ全国に大勢います。伝統的な家づくりを標榜する人たちにとっては、むかしながらの民家のつくり方は教科書のように規範になっています。また最近では、二〇〇八年より五年の間、国土交通省による伝統構法の検討委員会において設計法の検討も行われました。

問題は、古くなったという理由だけで捨てられていく古民家が後を絶たないということです。特に「暗くて寒い」という理由で、いまにも壊される危機にある立派な古民家は、全国にたくさんあります。「暗さ」も「寒さ」も現代の耐震補強や断熱改修技術をもってすれば解決できるのですが、そこまで考えが至らず、壊すための理由にされています。優れた素材と手間をかけてつくられた宝物のような古民家が、その価値を見出されることなく失われようとしているのです。

このような風潮の中にも、古民家に住みたいと望む人たちは大勢います。その人たちにには見える価値があります。それは、建物としての歴史的価値であったり、生活の豊かさであったり、素材と職人の手仕事の良さであったりします。

古民家は、現代では失われようとしている職人技を知る良い機会です。通常、一軒の家づくりには二十八職の職人が必要だといいます。大工職人や左官職人、建具職人などです。それらの職人が使う道具づくりも山の木づくりも、さらに多くの職人の手によって担われています。家づくりは、すそ野の広い手仕事の連鎖だと思います。大工仕事もプレカットが登場する三十年ほど前までは手づくりが当たり前でした。

家づくりは、「社会の仕組みそのもの」であると言います。いまもむかしも、家をつくるには地元の素材と職人の技術が必要となります。素材は近くで育った山の木や土ですから、すぐにでも調達できます。もちろん伐った後は植林し、山を守る必要があります。

しかし、多くの人の手にかかる職人の手仕事は、徐々にその活躍の場を狭めています。それでも、いまならばまだ間に合います。古民家を再生して住むことによって、歴史的価値や文化の伝承はもとより技術の継承にもつながるのです。そして何よりも地域のコミュニティづくりに貢献します。

民家は長生き

日本の木造建築は、千四百年以上の歴史を持つ法隆寺の例を挙げるまでもなく、長生きです。古民家には五百年以上の命をつないでいるものもあります。木は伐った後も、育ってきた年月と同じだけ生きるといいますが、建物は手入れを重ねれば、それ以上に長く生きます。

法隆寺では、毎回傷む場所が決まっていて、その部分が更新されることによって長持ちするといいます。常に手入れを怠らないことによって、建物の寿命は延びるのです。それは民家も同じです。傷みやすい個所には、定期的な手入れが必要です。また最初から、手入れしやすいようにつくられていることも大切です。本来、木材は手入れや加工がしやすい素材です。

古民家には、もともと太くて丈夫な木材を使います。長寿命の理由は、まずは材の太さにあります。地震や台風でも揺るがない丈夫な骨組みです。どっしりとした大黒柱は、家の象徴としてあるばかりでなく、建物の荷重が最も大きく掛かる部分でもあります。梁も同じです。力の流れに沿って必要な個所に、太い梁があります。古民家は、無駄な材料を使わず、つくり方に無理がないのです。

最も大切な長寿命の秘訣は、組んでは外すことができる「木組」にあるといえます。木組とは、接合部の継手（つぎて）や仕口（しぐち）と呼ばれる木と木を組み上げる加工の技術を言います。梁や柱の先端に長い竿やホゾを削り出して組み差し、栓（せん）や楔（くさび）、車知（しゃち）と呼ばれる材で締め込みます。

骨組みの組み方も合理的で無駄がありません。木と木の組み合わせですから、組んだ後も外したり組み直すことができます。「移築」や「再生」が容易にできることも木組の特徴と言えます。

　現在つくられている伝統的な民家にも、継手や仕口が使われ、この優れた加工技術は、時代を超え地域を超えて日本の大工技術として体系化されています。

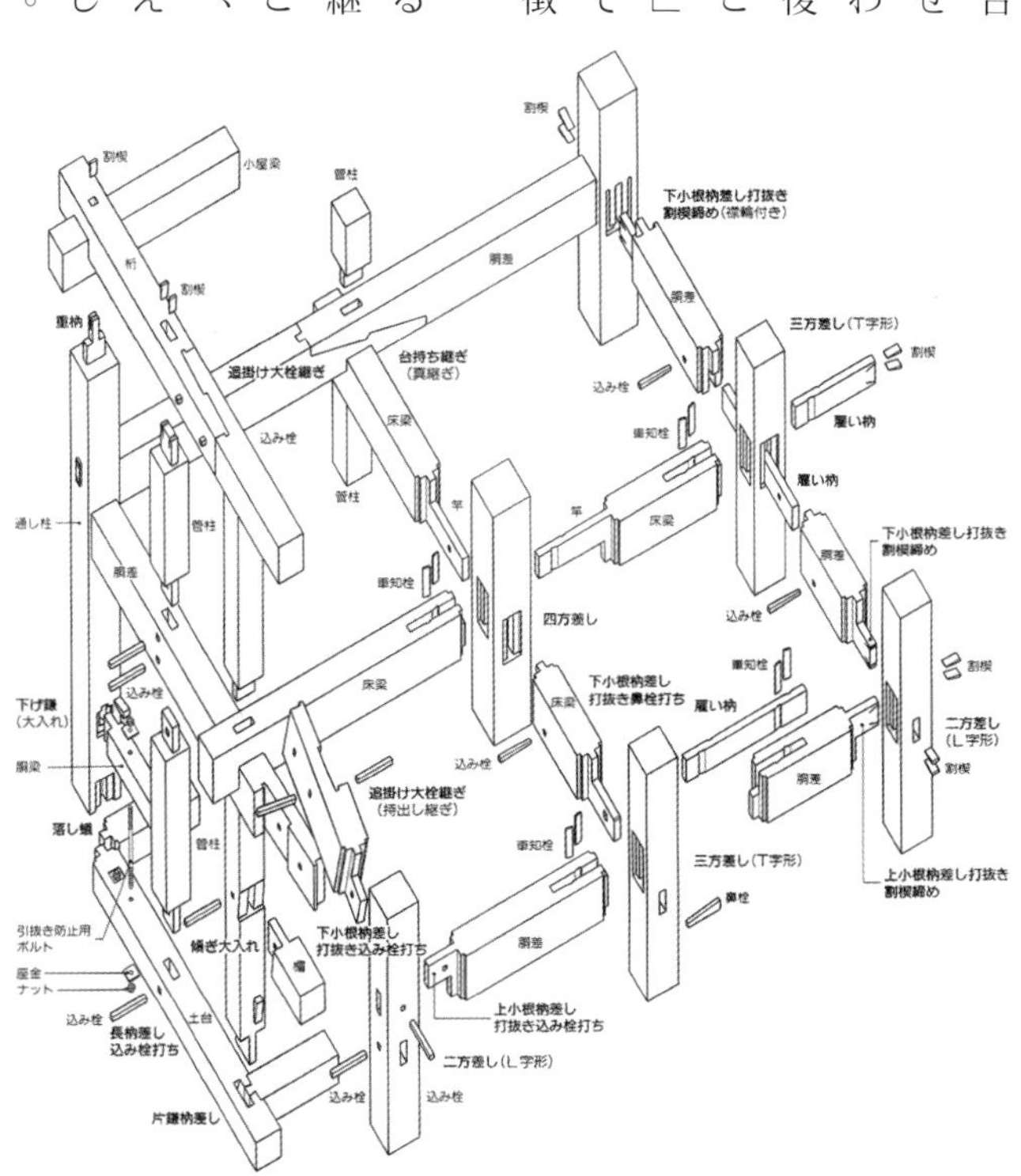

継手仕口　木造住宅【私家版】仕様書より

その技術は現代住宅をつくるときにも継承されなければならないと考えています。

民家は美しい

伝統的な古民家は、美しいプロポーションをしています。屋根は、のびのびと翼を広げるように大きく、建物に深い陰影を落としています。使われている素材は、すべて自然のもので生き生きとした息吹があります。長い間、風雪を受けた土壁や木には、時間をかけて自然に還ろうとする美しさがあります。

旅をしていると、車窓から見え

長野県塩尻　本棟造り「馬場邸」

る古民家の美しさに目を奪われることがあります。

　低く抑えられた軒先は人の背丈に近く、なじみ良く、心地よい町並みをつくりだしています。山にあれば山の、海にあれば海の、風景になじむ姿をしています。これ以上ないほどの簡素さと無理のないつくり方やプロポーションで、見る者の目を楽しませてくれます。

　文化財保護法にもとづき、文化庁が保存・整備を支援している「重要伝統的建造物群保存地区」は、二〇一八年現在、全国に百十八地区あります。どこの町並みも休日ともなると、懐かしい風景を求めて家族連れが訪れ、古い町並みや家々は活気を取り戻します。

　伝建地区と呼ばれる保存地区には、美しい町並みを維持するための規範（ルール）が存在します。屋根の勾配や形状、外壁の材質や色、軒の高さなど、周囲の保存された建物と調和するように定められているのです。

　一軒ごとのつくり方については、言わずもがなのルールが、大工の「口伝」によって継承されていたようです。たとえば「下屋勾配は一寸返し」などは、どんな大工がつくっても、母屋と下屋の屋根のプロポーションが美しく見えるような言い伝えだといえます。残念ながらこうした言葉が明文化されたものを見たことがありません。「徒弟制度」の衰退とともに親方から弟子に受け継がれていた、美しさの規範である口伝も消えてしまったのでしょうか？　それともどこかに職人言葉として受け継がれ、いまなお伝えられているのでしょうか？

富山県五箇ノ荘　合掌造り「遠山家」

民家はパッシブデザイン

いまや、家づくりも省エネルギー化の時代です。家はつくる時も住み始めてからもエネルギー消費量を抑えて、CO_2削減を図らなければならない時代になりました。建物に限らず、すべてのモノづくりに対して過大なエネルギーを消費してきた結果が、地球温暖化や原発事故につながったことを反省しなければなりません。以前は製作工程ばかりでなく、生活にも多くのエネルギーを消費してきましたが、これからは一次エネルギーを削減しなければならない時代になりました。

四季のはっきりした日本では、冬は雪が降り、夏は蒸し暑く、雨の続く梅雨もあります。年間を通じて雨の多い国ですから、屋根は勾配屋根が一般的です。全国に残る古民家を見渡すと、屋根の形状の違いに気付きます。

例えば、雨の少ない内陸部では、長野県塩尻の本棟（ほんむね）造りのように、元は板葺きのため屋根勾配が緩く、おおらかな大屋根の民家が建てられました。

豪雪地帯では、富山県五箇ノ荘・白川郷の合掌造りのように、雪が積もらない急勾配の屋根が掛けられました。多雨地帯である九州の茅葺き民家も急勾配です。

白川郷では、雪に閉じ込められる長くて寒い冬をしのぐために、一軒の家に大勢の一族が集まって、蚕を飼えるように大型の多層民家になりました。このような民家の姿の違いは、気候風土の違いです。おもに、屋根のつくり方や勾配に表れます。雨の多い地方は勾配の強い屋根になり、軒が深い屋根は、夏の日射遮蔽の役目を果たします。伝統的な民家は自然に対して素直に建てることで、暑さ寒さをしのいでいたのです。

古民家にかかるエネルギーを考えると、わたしたちがこれから家をつくる際の手本となる、工夫が見えてきます。自然エネルギーである太陽の日差しや風などを上手に利用する仕組みが隠れているからです。

電気のない時代の先人たちは、どのように民家のエネルギーをコントロールしてきたのでしょうか。自然の素材を手仕事で加工してきた時代は、製造エネルギーは少なかったでしょう。夏の暑さや冬の寒さには、風通しや囲炉裏の火で対処してきたのでしょう。

省エネルギーを語る際に、「パッシブ」という言葉をよく耳にします。パッシブエネルギー、

パッシブソーラーなどなど……。古民家の気候への対処の仕方も、パッシブだといわれています。パッシブとは「受動的」という意味合いで、アクティブ＝「能動的」という意味の反対語です。パッシブな家づくりといわれる古民家は、日本の気候風土や自然にそって、無理のない工夫をしてきたということです。

これからの時代、エネルギーの無駄をなくす家づくりは、古民家の本来のつくり方に学ぶ必要があると思います。古民家には、むかしからのパッシブな仕組みが、すでにあると思います。

岐阜県白川郷　風の向きに沿って建つ合掌民家

第一章　民家の仕組みと構造

伝統構法と民家

この本でいう「古民家」とは、長い時間を生きてきた民家を言います。庶民が住む伝統的なつくり方の住宅を言います。ただし、時代の古い新しいを問わず、日本の気候風土にかなったつくり方で、震災や台風に耐える性能をもった建物が該当するとも考えます。

日本の風土と歴史の中で育った古民家は、先人たちが度重なる自然災害を乗り越えて築きあげてきた職人技術の集積です。それは、いわゆる「伝統構法」といわれる大工技術の体系です。

「伝統構法」の家とは、無垢の木を金物に頼ることなく組み上げて木組の特性を活かした、丈夫な長寿命の家のことです。木組の特徴は、組み手である接合部の「めり込み」と「摩擦」によって、地震や台風の力を「減衰」させて人の命を守ることにあります。変形は大きくても粘り強く、倒れにくい建物です。神社やお寺をはじめ、農家や町家にも応用されてきた日本独自の構法です。

古民家と呼ばれる百年以上前に建てられた建物には、木の特性を活かした技術が駆使されているのです。そのような伝統的な構法で現代住宅を建てている大工職人もまだまだたくさんいます。

学ぶべきは、いまなお各地に残る古民家です。そこには、これからの日本の家が目指す指標となる、多くの事柄が隠されているはずです。

再架構の家　古材を集めて家をつくる

さらに、原発事故以来改めて課題となった、省エネルギーの方法も、温熱性能を向上させるパッシブな仕組みも、むかしの民家の中にすでにあると考えられているのです。

この章では、民家の仕組みと構造を、気候や歴史的変遷に見ながら、これからの日本の家づくりを考える上で大切な理念と技術について述べていきたいと思います。

民家は気候風土がつくる

全国の古民家の違いを見ると、気候風土が大きく影響していることがわかります。古民家が風景に溶け込んでいるのは、気候風土に根ざして建てられているからにほかなりません。さらに、地域の素材の生産や生活習慣、歴史・文化も影響しているでしょう。つまり、地域がつくりだした造形

板葺き屋根　長野県　大平宿

といえます。

例えば、長野県の「板葺き屋根」は雨の少ない内陸部一帯に多く見られます。雨が少ないせいで杉が育ちにくく、カラマツが主な木材です。屋根葺き材は栗材の板の割物で、何枚か重ねて雨を流します。板は風で飛ばないように石を置いて止めてあります。石を置くために屋根の勾配は緩く、おおらかな家並みをつくり、整然と並んだ石置き屋根は遠目にも美しく、のどかな風景をつくっています。

佐賀地方に残る「漏斗(じょうご)づくり」という農家は、屋根の雨水を一か所に集めて流す漏斗のような形をしていたのでそう呼ばれています。一つの建物に二つの屋根があることから、もとは二棟建ての分棟型であったと思われます。分棟型は東南アジアの建物のつくり方の影響だと思います。台風による風を受けるために大屋根は不利だったのでしょう。のちほど

曲がり家　岩手県　遠野

山形県田麦俣　兜造り　(観光ポスターより)

紹介する奄美大島の「ヒキモンづくり」はこの流れでしょう。分棟型の建て方は、さらに黒潮に乗って北海道のアイヌの「チセ」と呼ばれる民家にも影響を与えています。民家が気候風土によって、かたちづくられたという証は、全国各地に残る古民家から理解することができます。

東北地方の岩手県南部に多い「曲がり家」と呼ばれる民家は、母屋と厩(うまや)が一体で「Lの字」の形をしています。農耕のための牛や馬を家の中で飼っていた名残です。むかしは牛も馬も農作業に必要で大事な動物ですから、最も日当たりのよい南の陽が入るところに家畜小屋を配置したのです。そして人の居場所はその奥の寒い座敷になっていました。

松尾芭蕉の『奥の細道』に、「蚤虱(のみしらみ)　馬の尿(しと)する　枕もと」という句があります。南部地方の農家で一夜の宿に厩を借りた時に詠んだ句でしょう。虫に悩まされた上に、さぞかし臭いのきつい枕もとであったと思われます。

山形や群馬地方の山間部に残る多層の屋根のある民家は、蚕(かいこ)を飼っていた名残です。明治期に現金収入を見込んで、全国各地で養蚕のために民家の小屋裏を利用しました。

山形の田麦俣集落の「兜(かぶと)造り」は、まるで鎧(よろい)かぶとのような屋根の形から呼び名がついたものと思われます。茅葺き屋根の造形としてこれほど美しい形はないと思います。

四国の民家には、四方に下屋を回した「四方蓋(しほうぶた)」と呼ばれる農家があります。下屋が四方に延びて蓋をしたように見えたことから命名されたのでしょう。かつてこの地方で藍染めの藍の実を生産していたころに、天日干しの実を雨が降るたびに屋根の下に取り込む必要があり、四方に下屋を蓋をするように回したのではないかと思われます。

伝統構法と在来工法の違い

建設現場で、大工さんたちが「在来工法の家は地震にも強いんだ」と息巻いて話しているのをよく耳にします。そんな大工さんには申し訳ないのですが、「在来」とは、「外来」があってはじめて区別のつけられた呼び方です。植物や動物の外来種、在来種と同様の呼び方ですから、受け身的で、積極的に使うようなたぐいの言葉ではないと思います。

つまり、明治維新によって「外来」の文

奄美大島　ヒキモンづくり

明が欧米から入ってきたため、もともと日本に存在したものを「在来」と呼ぶようになっただけのことです。在来工法という言い方は、法的には一九五〇年の建築基準法制定の折に使われた、欧米の技術の「外来工法」に対する呼称です。戦後復興のために大量供給時代に応えて、変化していった簡便な建て方といってもよいでしょう。

では日本古来の構法の家づくりは、どう呼べばよいのでしょう。日本建築も、もとは中国から伝来した技術ですが、日本の気候風土の中で独自の展開を重ねて、現在に至ったと考えられます。日本の建築構法は千年以上続く歴史の中で、長い時間にもまれ、試行錯誤の末、生き残った独自の構法であるといえます。

大きな変化が訪れたのは、欧米文化が流入した明治維新の時と第二次大戦後です。いずれも日本の生活様式や価値観が大きく変わった時期です。

そのため、江戸末期までの建物の構法を、「伝統構法」と呼ぶことが歴史的にもかなっていると考えられます。伝統構法は、地震や台風の多い国で発展してきた構法ですから、むかしから耐震や耐風の工夫があったことでしょう。前出の大工さんたちの言う「日本の家が地震に強い」のは、「減衰」設計による「粘り強さ」を指すのだと考えられます。

日本の建物を誇りを持って呼ぶならば、明治以降の欧米文化を取り入れた「在来工法」より「伝統構法」の方が歴史的にも文化的にもかなっていると思います。

日本の建物は軸組でつくる

日本はアジア・モンスーン地帯です。熱帯地域ほどではありませんが、植物がよく育ちます。中でも杉や檜は、成長も早く、直材で加工しやすいことから古代の日本人にとっても身近な素材として様々な用途に使われてきました。

例えば、檜は脂分が多くて火がつきやすいために「火の木」から「ヒノキ」と呼ぶようになったとか、杉は真っすぐ育つので、「まっすぎ」がなまって「スギ」になったとか……。それほど日本人にとってはなじみのある木だからこそ、杉、檜は建物にもよく使われたのでしょう。木を使った建物は世界各地にありますが、杉、檜が直材であったことが日本の建築の形態を決定づけたといえます。軸組と呼ばれる直材を組み合わせた柱・梁による構造形態は、まさに直材から生まれた架構法と呼んでいいと思います。もしも、石がたくさん採れる場所であったり、土しか手に入らない場所ならば、素材によって建築の形態も変わったと考えられます。

現在の骨組みに比べれば、法隆寺のような古代の建物は柱や梁も太く、軸となる材料そのものが、地震の揺れや風によって傾いても元に戻るくらいで倒れそうもありません。巨木が採れたころの寺院は、積み木のような構造のため、太い柱には、揺れても元に戻る起き上がりこぼしのような「傾斜復元力」がありました。

時代が下って奈良や京都の山から巨木が採れなくなると、柱と柱を横材でつなぐ「貫（ぬき）」を通して、軸組の耐力を上げようとしました。柱に「貫」を通すことによって接合部の剛性を高め、地震力に対しても抵抗して、粘る構造を考えたと言われています(後藤治『日本建築史』共立出版)。

その後も日本には長い間、軸組だけで成り立ち、壁で力を受けるという概念がなかったのでしょう。また、壁のない軸組は、湿潤な気候で風を通すことから、開放的な建物づくりを目指していた歴史が長かったからです。もちろん土を厚く塗った蔵や石を積んだ蔵もありますが、一般の住宅は、製材された木材による開放的な軸組が発展して現在に至っています。

丈夫な軸組を構成するために、木と木を組み合わせる技術を磨くことが、大工職人の技術であり、「継手」や「仕口」という独自の接合部の加工方法を生んだ源でした。日本の木造建築は、軸組が重要であるという認識はいまも変わらないと思います。

「現代棟梁」と言われた故・田中文男棟梁は「日本建築セミナー」という二十年続いた木造建築の構造の講座で、壁に頼って建てようとする若い設計者に向かって「日本建築は、軸組だ!」と言い放っていました。

日本の住まいは、軸組工法でかつ真壁です。湿度の高いアジアモンスーン地帯にあって、柱や梁を壁や天井に閉じ込めてしまっては、木が蒸れてしまうと考えられていたのだと思います。

「貫はやめてはいけない」

柱と柱を厚い小割の板で貫通する部材を「貫（ぬき）」といいます。

地震国・日本で建てる建物にとって、貫は欠かせない大事な耐力要素であり、架構の要です。本来、柱や梁などの軸で建物をつくってきた日本では、「貫はやめてはいけない」重要な構造材なのです。

構造材としての貫は、厚さ三十ミリ内外の木目のつまった幅広百ミリ内外の板を、しっかりと柱に貫通させて、抜けにくい楔（くさび）をうち込まなければその効力を発揮できません。よく見かける十五ミリ程度の薄い貫板は、下地材であって構造材ではありません。

2007年・つくば防災センター実大実験

歴史的には、貫は平安時代に僧・重源が中国に渡り日本に伝えた部材ですが、これほど地震に粘り強い構造は他にないと思います。貫は柱に「めり込む」ことによって応力に耐え、建物が大きく変形しても、繰り返し元に戻る「復元力」があることで地震に対して有効なのです。

このように粘り強い木の特性を活かした家づくりが、日本建築の特徴でした。ところが、明治時代になって、二階建ての建物が建てられるようになると、横張りの下見板を張るために建物の縦方向に間柱を入れる必要が出てきます。そこで、貫が間柱と交差して、邪魔になり衰退していったといいます。

また、筋違い(すじかい)の採用も、同じように壁の中で貫と競合し、衰退させてしまいました。いまでは一般的な木造住宅では、貫は構造材の地位を追われて、面材を張るための下地材でしかありません(源愛日児『木造軸組構法の近代化』中央公論美術出版、二〇〇九年)。

二〇〇七年のつくば防災センターの実大実験では、軸組建物の破損時に貫は土壁とともに、段階的に損傷を受け持ちながら建物が壊れていくことがわかってきました。つまり、初期の大きな応力が加わると、まず土壁が破損し、次に変形が始まると貫がめり込んで粘るのです。最終段階で貫が効いて、変形しても崩壊しない軸組をつくることができるという解析結果となりました。

貫は大きな変形を許容すれば現在でも使えるのですが、現行法では変形の許容範囲が小さい筋違いや面材が主流になっています。しかしながら、貫の復元力特性は限界耐力計算法（後述）によれば、開放的な古民家には最良の部材です。むしろ人の命を守る優れた部材と言えます。

この復元力特性が、地震国・日本にあって、繰り返しの地震に耐える独自の工夫だと考えられます。古民家再生でも、これからの新築住宅でも、「貫をやめてはいけない」のです。

足固めの再発見

古民家の床下は、小動物が潜れるほどの高さがあります。人も腹ばいになれば潜ることができます。そんな民家の床下を覗くと、地面のすぐ上を、思いのほか大きな丸太が横に飛んでいるのが見えます。目を凝らすと、二階の床梁のように、一間もしくは、二間おきに配置された丸太の横材が見えます。これが「足固め」と呼ばれる部材です。まるで高床式の建物の床高を縮めたようなつくりです。

また、古い民家ほど土台がないことがあります。石場置きという柱を直接、丸い石の上に立てる建て方ですから、土台は不要だったのです。

むしろ、土台は地面に近いところでは、雨に当たりやすく、腐りやすいため昔は使われなかったと思われます。木材は縦に使うならば、小口の繊維方向に力がかかっても強いのですが、横に使うと折れやすいという特徴があります。古民家をつくった先人たちは、地際（じきわ）の腐りやすいところで横に材を使い、その上に柱を建てることは避けてきたのでしょう。

しかしながら、形の違う石の上に一本ずつ柱を建てる方法では、材の長さを一本ごとに変えなくてはならず、建て方に時間がかかったと考えられます。そこで、施工時間短縮の面から土台が採用されたと思われます。土台は時代的には新しい部材なのです。

土台を使わない石場建てのころは、柱の根元近くの床下に足固めを使っていました。足固めは、縦使いの柱どおしを横につなぐ役目と、足元が開かないように柱と柱を結ぶ役目を

大原幽学自邸　1854 年築　千葉県名取

担っていました。一本ごとに柱を縫うように建て込むことからも、その役割の重要さがわかります。

大原幽学の土台併用足固め

ここで興味深い江戸後期の古民家の耐震の工夫を紹介します。

当時、武士でありながら農民生活の改善に一生をかけた大原幽学という学者がいました。疲弊した農村の再興に腐心した農政学者です。出自は確かではありませんが、長野県の飯田の生まれといいます。千葉・房総の村に住み、農民に儒学を基礎とする独自の実践道徳を教え、農業技術の指導をしたり、株組合を創設したりしました。

この大原幽学の旧宅が千葉県旭市に残っていますが、建て方に様々な耐震的な工夫が施されています。まず建物の下の地盤は、何回かに分けて突き固めた地業がなされた痕跡が

土台併用足固め貫の耐力壁

見られ、地盤改良をしたと思われます。その上に石を置き、土台を敷き、柱を建て、かつ足固めを入れています。いわゆる「土台併用足固め」です。

この考え方は、筆者が阪神大震災直後に『建築知識』という建築雑誌に提案した「土台＋足固め＋貫の耐力壁」とそっくりでした。木造住宅【私家版】仕様書として一九九八年に単行本にまとめた技術書にも掲載しました。

【私家版】仕様書は、木組の家づくりの専門書です。当時の筆者の考え方としては、平らな基礎の上を滑ってくれるソリのような役目を土台に持たせ、足固めは柱同士を足元で固め、足元をフリーにすれば地震の波を乗り越えてくれるだろうというものでした。

大原幽学の自邸の解体現場でこの部材を見たのは、私家版仕様書を執筆した、十年後の二〇〇八年でした。昔の人も同じことを考えるものだと江戸時代後期と現代の発想の一致に驚きました。

図らずも耐震の工夫として、時代を超えて同じ構造を考えたのですが、このような先人たちの智恵は、古民家の調査によって発見できる工夫です。

古民家に学ぶ所以はここにあります。

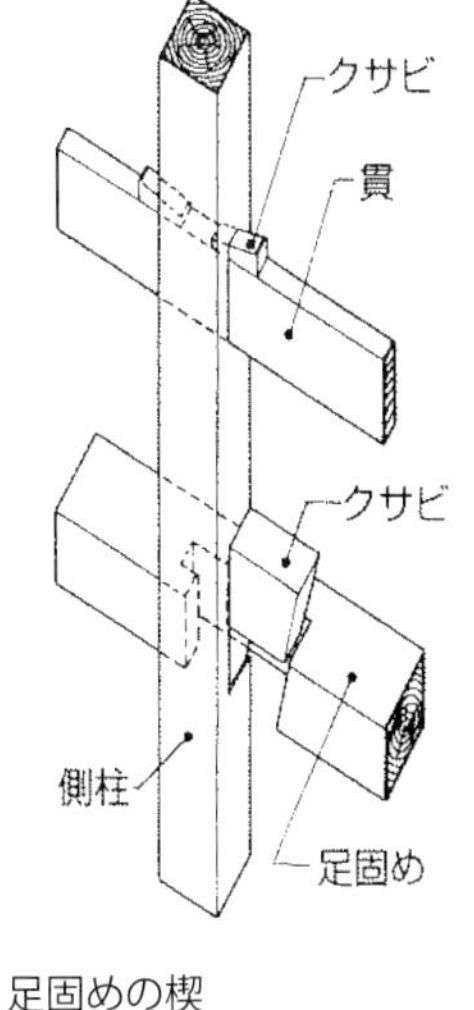

足固めの楔

木と木を編む

奄美大島の民家をご存知でしょうか。有名なのは、「高倉」と呼ばれる建物です。穀物を納める蔵の部分をネズミの害から守るべく、大地から高く離れた柱の上の貯蔵庫に構えるために、四本の太い柱が立っています。その足元に柱が開いてしまわないように横材が入っています。高倉の場合、これが「足固め」です。よく見ると柱を貫いて、足元を縫っている様子がわかります。地元ではこの材を「ヤチ」と呼んでいます。

高倉ばかりでなく、住居にも独特の

奄美大島　ヒキモンづくり床下足固めと鼻栓

「足固め」が使われています。改修中の建物を見せていただいて、その工夫に感動しました。

外周部の足固めは、柱ごとに縫い付ける方法ではなく、後ろから輪内（わない）で入れ込むような仕口です。さらに楔は、足固めの一部を切り欠いて再度、クサビとして使います。実に無駄のない木材の使い方です。

また内部の足固めは、大きな材を平（ひら）使いしています。「ネダ」と呼ばれていますが、面白いのは平使いの足固めに柱を上から差していることです。つまり柱に穴を開けることなく、木と木を編むように組むのです。鼻栓のように見える大きな楔が、足固めが落ちないよう

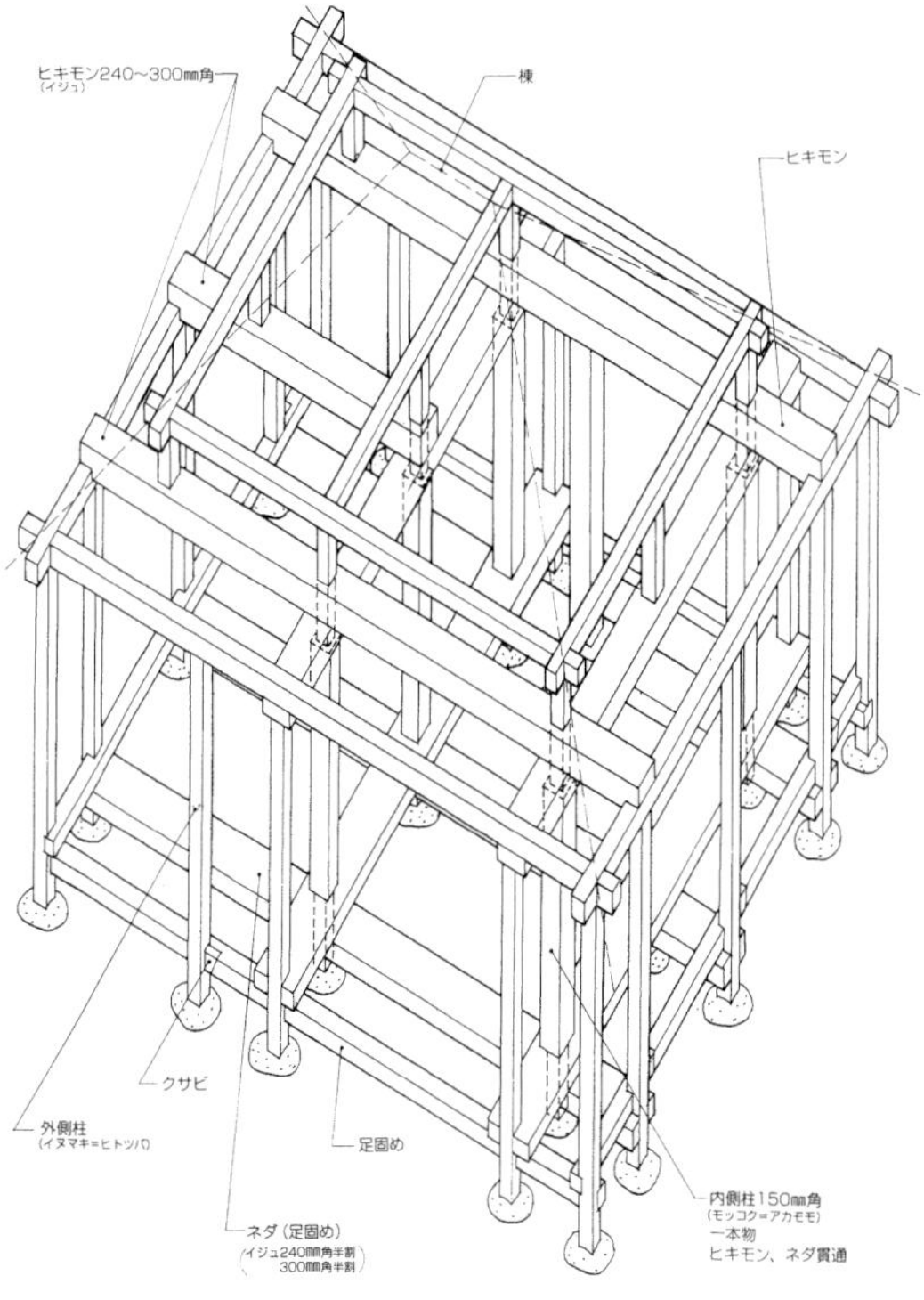

奄美大島　ヒキモンづくり

に差し込まれています。

どうやら奄美大島の民家には、本土の建物にはない特徴があるようです。構造材に本土では使われていないモッコクやイヌマキという珍しい樹種が使われていることも独特ですが、毎年襲ってくる台風に備えるためと思われる工夫が見受けられます。

「ヒキモンづくり」

奄美大島　ヒキモンづくり模型　有田棟梁作

と呼ばれる構法で、まさに台風常襲地帯の奄美大島の気候風土から生まれた架構です。ヒキモンとは木材を鋸で挽いたという意味でしょうか。地元の長老の故・有田豊吉棟梁のお話によれば「奄美に住めば風がわかる」といい、ヒキモンは優れた台風対策だといいます。

有田棟梁がつくってくださった模型で解説していただいたことは、ヒキモンといわれる梁や足固めの横材と柱の工夫です。奄美大島では風に飛ばされても、また建て起こすことができるように、柱を梁や足固めに差し込んで組んでいます。

つまり細い柱には穴を開けずに、太い横材を互平使いにして、梁に穴を開けて貫通させるのです。この構造が衝撃に対しても丈夫で、風に飛ばされて、隣の畑に転がり落ちても数人の大人で、コロを使ってまた元の場所に据え直すことができるのです。

これには驚きました。ヒキモンづくりの民家は、飛ばされても壊れないように木と木で鳥籠のように編まれていたのです。台風常襲地帯である奄美大島ならではの家づくりの工夫です。

さらに奄美大島の民家で驚いたことに寿命の長さがあります。島は亜熱帯地域で、ハブが生息しているために山に入って木材を伐採するのも命がけです。いったん切った木材は大変貴重な材料なるのです。

一度建てられた家は大切に使いまわされて、再生や移築は日常的に行われていたと思われます。どこそこの村で百年前に建てられた民家が、この村でさらに百年経過して現在に至っているという話をよく聞きます。民家の移動は、島国で平らな土地が少なく、陸路運搬することは困難でした。軸組のまま、二艘の船に乗せて海の上を移動したようです。間口も奥行きも三間四方の分棟型の家ですから、それも可能だったのでしょう。なんとものんびりした風景です。

ここで示唆的なのは、さらに百年の命を与えることができた元のヒキモンのつくり方です。雨に強い木を適材適所で組み上げることはもちろん、入り側という縁側を二重に回した外周部分の二重構造（ダブルスキン）も、雨の多い奄美で寿命を延ばすためには効果的だったと思われます。外に使われた材は雨に強いイヌマキです。

また、主架構は「ヌキヤ」と呼ばれる貫構造であることにも注目しなければなりません。外壁は板壁です。南国とはいえ、日本海に面するため冬は寒いのですが、板壁のままなのです。台風常襲地帯で雨により土では壁が落ちてしまうこと、土は蟻が巣をつくるので塗れないのです。いずれにしても木と木を編んだような組み方や、足固めや貫など、ヒキモンづくりの優れた耐風の工夫には学ぶべき点が多いと思います。

胴差しはなかった

現在、わたしたちのつくる二階建ての家には、一階と二階の境に必ず胴差（どうさ）しが入ります。二階の柱はこの胴差しがなければ建てることができません。しかし、現在、当たり前のように使っている胴差しが、明治以前にはなかったと言ったら、みなさん驚くでしょうか。

明治以前の民家は、平屋が多くて二階建てが少ないので、二階建てのように見えてもよく見ると二階が小さくて、物入れに使われているなど二階に人が暮らしている様子はありません。構造的には、通し柱に梁をさすだけのロフトのようなつくり方です。その場合、通し柱を三尺置きに建て、二階梁を差し、床を受けていますが、外壁周りでは通し柱に太い材を通さず、二階床を受ける根太掛けのみで、胴差しに当たる横架材と呼ばれる横材はなかったのです。確かに古い町家の中には、通り土間の吹き抜けを見上げると、通し柱の列に柱をつらぬく貫は見えても胴差しは見当たりません。源愛日児氏の著書『木造軸組構法の近代化』によると、胴差しの発生は明治になって二階建ての庁舎や学校が建てられるようになってからだといいます。

つまり、洋風建築の外壁に張る下見板を三尺間隔の柱と柱の間に釘打ちするために、間柱が必要となり、その間柱が細いので屋根まで伸ばすとふらつきます。そこで、間柱を固定するために横材を入れたのが始まりだといいます。横材は当初、胴繋（どうしげ）と呼ばれて適当な間隔で柱間にたくさん入れられていたようです。ところが、窓の上下に楣（まぐさ）のように使われているうちに、現在の胴差しの位置にまとまったといわれます。その間柱の発生によって、貫が衰退したのです。

現在、二階建ての木造住宅では、胴差しは一階と二階の間に当然のように使われている部材ですが、歴史的には明治以降だったのです。実はこの胴差しが、木造二階建て構造のウィークポイントです。

ここで興味深い二つの実大実験があります。一つは胴差しのない通し柱を多用した建物を揺らした、二〇〇六年の京町家の実験です。いま一つは、胴差しのある伝統的な住宅を二棟揺らした、二〇〇八年のE・ディフェンスでの実大実験です。

二〇〇六年の実験では、胴差しのない京町家は、建物全体がS字を描いてゆっくりと揺れたものの、柱も折れず、室内の家具も倒れませんでした。一方、二〇〇八年の胴差しが入った建物は、二棟とも胴差し部分で八本から十三本の通し柱が折れました。この結果を見ると、木造住宅には胴差しはない方が、被害が少ないということになります（実験の様子は、この後の第五章で詳しく報告します）。

高木家住宅　奈良県今井町

筋違いは風対策から地震対策に変わった

筋違いの導入は、台風に対する備えが始まりだといわれています。浅草十二階と呼ばれた「凌雲閣」は、明治二十三年（一八九〇年）、イギリスの技術者ウィリアム・K・バルトンが構造の設計にあたり、風速三十七メートルにも耐える塔として筋違いが採用されました。筋違いがつくりだすトラス構造は、三角形不定の理から生まれた、風に強い構造をつくるために採用された部材なのです。

その筋違いが日本では、地震対策の耐震壁として転用されました。筋違いが強い壁をつくるので、地震に抵抗する耐力の必要な壁に使うのに便利だと考えたのでしょう。建築基準法ができた一九五〇年当時から、筋違いによる壁量規定はありました。

ここで疑問があります。確かに、風による建物の横揺れに対しては、筋違いは有効です。しかし、風は空の上からの力です。ところが、地震は地面の下から力がかかります。風に吹かれた時と、大地が揺れた時には壁に及ぼす影響は同じでしょうか？　実際に浅草十二階は、関東大震災で、上部の木造部分が崩れて、下層のレンガ造りの六階だけが残ってしまいました。

これまでの耐震壁の静荷力実験を見る限り、平面的なフレーム組みによる柱と梁では、加力された位置によって、試験体の挙動が異なり破壊の個所が違います。柱頭に金物を止めつける必要があるという理由は、実験でフレームを加力する位置が、柱頭部分の梁を押すからにほかなりません。梁を横から押せば、柱頭が浮き上がるのは当然です。

しかし、振動台を揺らした実大実験では、柱脚の浮き上がりは見られましたが、柱頭部分の浮き上がりは見られませんでした。実験を、平面的なフレームで行うことは、無理があると思います。立体的なフレームを地盤から揺らす方が現実的で、より実践的だと考えます。

ともあれ、筋違いと間柱の挿入によって、日本家屋の貫が衰退し、木の家の特性である変形性能の高い、復元力のある粘り強い軸組を失ったのです。

石場置きは免震か

むかしの建物は、柱が礎石と呼ばれる石の上に載っているだけの「石場置き」でした。大地に着いてはいるけれども繋がれていなかったのです。

最近、この石場置きが「足元フリー」という呼び方で、見直されています。新築の場合でも、最初から石場置きを希望される方が増えました。理由を聞

足固めの再現

いてみると、巨大地震が来たときに足元が動いた方が安心だというのです。

確かに二〇〇八年に行われた実験では、巨大地震と呼ばれる神戸気象台で観測された地震波「神戸波」を入れた実大実験でも、足元フリーの建物はほとんどの柱が折れずにすみました。隅の柱の根元が挫いたくらいの軽い損傷でした（緑の列島ネットワーク「伝統的構法の設計法及び性能検証実験検討委員会報告書」二〇一一年）。

日本の建物はむかしから地震に強いということが言われてきました。職人たちは、木組の建物は全体で力を分担する「総持ち」だからだとか、揺れることで力を逃がす、などと言い伝えてきましたが、その理由の一つに石場置きで足元が滑ることが挙げられています。伝統構法の建物は、自然の力に対して強度的に抵抗するというより、減衰し受け流すような仕組みでつくられています。いわゆる「柳に風」という東洋的発想です。

石の上に建てられた建物は、木と木を組むことで、めり込みと摩擦で揺れを許容し力を逃がすのですが、さらに大きな力が加わった時には、それ以上建物に入力しないように滑るのです。かといって石場置きが、免震性があるという言い方は適切ではないと思います。免震の場合は、建物を固くして、いつでも滑るようにしておくことです。上物が堅く固めていない建物の場合は、免震にはあたりません。

このような工夫をむかしの大工職人たちは、地震が起こるたびに経験から学んだのでしょう。

大工の技術は、経験を科学した「臨床学」的技能ではないかと考えています。とはいえ石場置きが見直される理由は、地震に対しては、石の上に置くだけの方が安心ということはいえます。もっとも、建物にある程度の重さがないと地震でも風でも上物が飛ばされますから、屋根や架構の重量が必要だったと思われます。

山形県鶴岡市　田麦俣　兜造り　（旧遠藤家住宅）

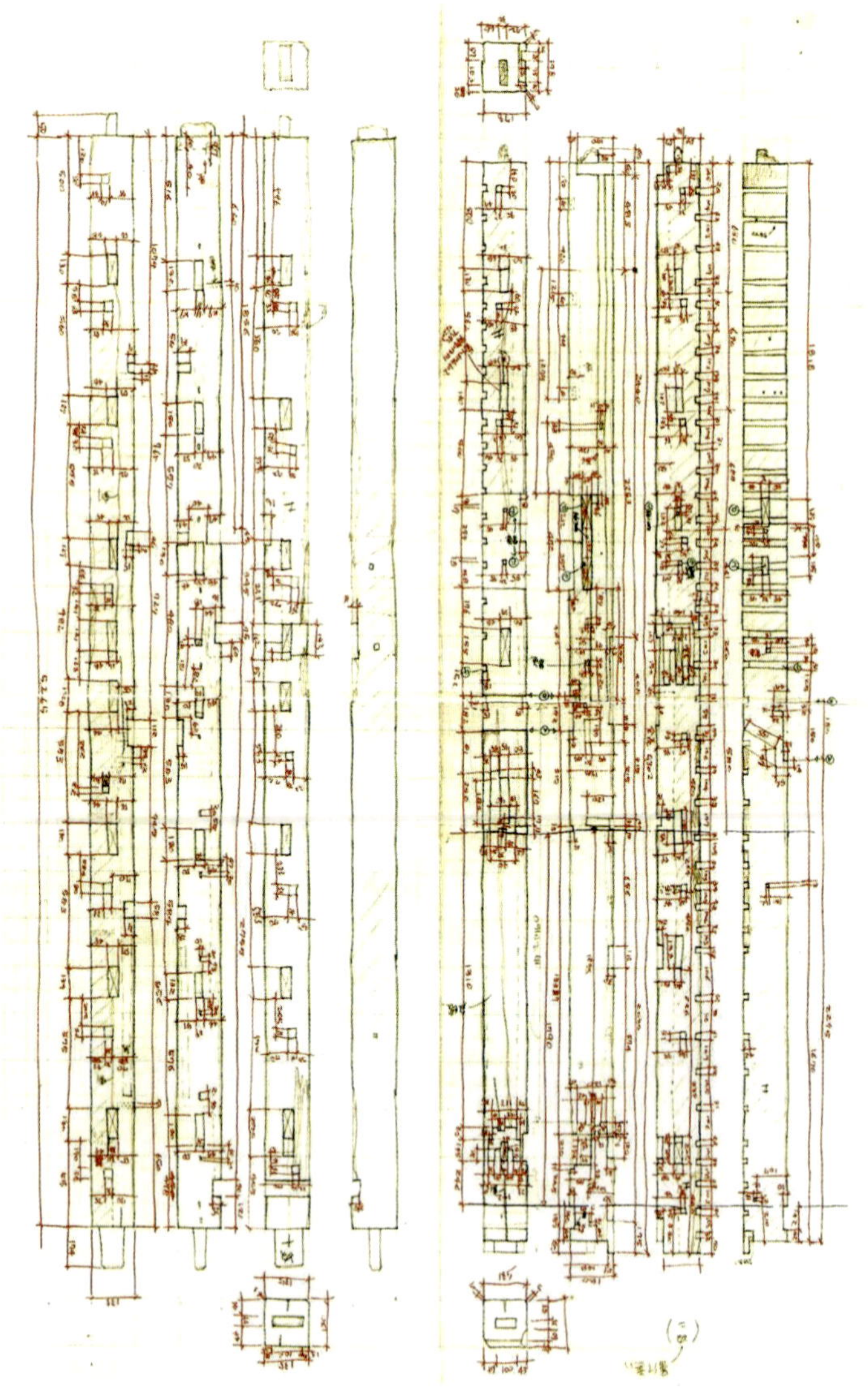

古材柱痕跡図（四面）

第二章　民家再生の理念

価値の再発見

いわゆる骨董品の値踏みをする際に、物の価値を理解し値踏みのできる人を「目利き（めき）」といいます。骨董品の由緒・由来や、つくられた当時の時代背景など、既に評価済みの価値を知っている人をいいます。目が利くので「目利き」と呼ぶのですが、そんな「目利き」でも新たな未知の価値を見つけ出せるとは限りません。

一方で、だれも見向きもしないものでも、そこに新たな価値を見つけることができる審美眼を持つ人を「目明き（めあ）」といいます。一見、価値のなさそうなものにも、新しい息吹を吹き込むことができる人です。

「目明き」とは、市井で流通している見慣れた雑器にも、茶道具として新たに価値を見出

井戸茶碗・模写

した千利休や民芸の柳宗悦のような人物です。

利休は犬が飯を食べていた茶碗にでさえ、その審美眼を働かせて茶道具としての価値を付けたといいます。柳宗悦は、普段使いの「下手物」に用の美を見出しました。

古民家の場合にも、既成の価値観にとらわれることのない、時代を超えた価値づけのできる審美眼を持った「目明き」が必要です。打ち捨てられた路傍の小屋にも、価値はあると思います。

古い建物をお持ちの住まい手から「この家は本当に残す価値があるのでしょうか?」というご質問をよく受けます。そういう場合は、まず、建築としての歴史的な価値と美しさをお話しします。骨董的価値というのでしょうか。大方の場合、価値あるものは美しい形をしています。「美はすべてを統合する」という言い方があるように、価値は美しさから始まると言っても良いと思います。

加えて「価値はご自身の中で付けていいのです」とお答えしています。家族の思い出の詰まった建物について、他人の価値観では判断できないこともあるからです。古民家の再生の意義は、古い建物に新しい価値観を吹き込み、自分自身の価値をつくるものでもあると考えています。

さらに、変化する時代の中で、物質的な価値を超えた「未来へつながる価値」を見出そうとすれば、それは物の世界を超えた「仕組み」の世界かもしれません。時代を超えて仕組みが生きていけるとしたら、その仕組みは、古くなることのない、常に新しい息吹を与えるものです。

ヨーロッパの古い町並みが壊されることなく保存され、魅力的な旧市街地が残っているのも、価値観を維持する仕組みが時代を超えて生きているからだと言えます。古いものを大事にする習慣もその仕組みの一つです。

古民家の場合、架構の仕組みが見えれば、時代を超える再生法がわかります。同じ建物を繰り返し再現することも可能でしょう。本来、日本の古民家は伝統的な木組で建てられているので、組んでは外し、また組み直すことが可能な移築・再生機能が仕組まれています。継手・仕口と呼ばれる、木組の接合部の加工がそれを可能にしています。これは長寿命の仕組みでもあります。古民家の再生には、技術とともに、それを支える理念や仕組みを継承することが大切だと考えます。

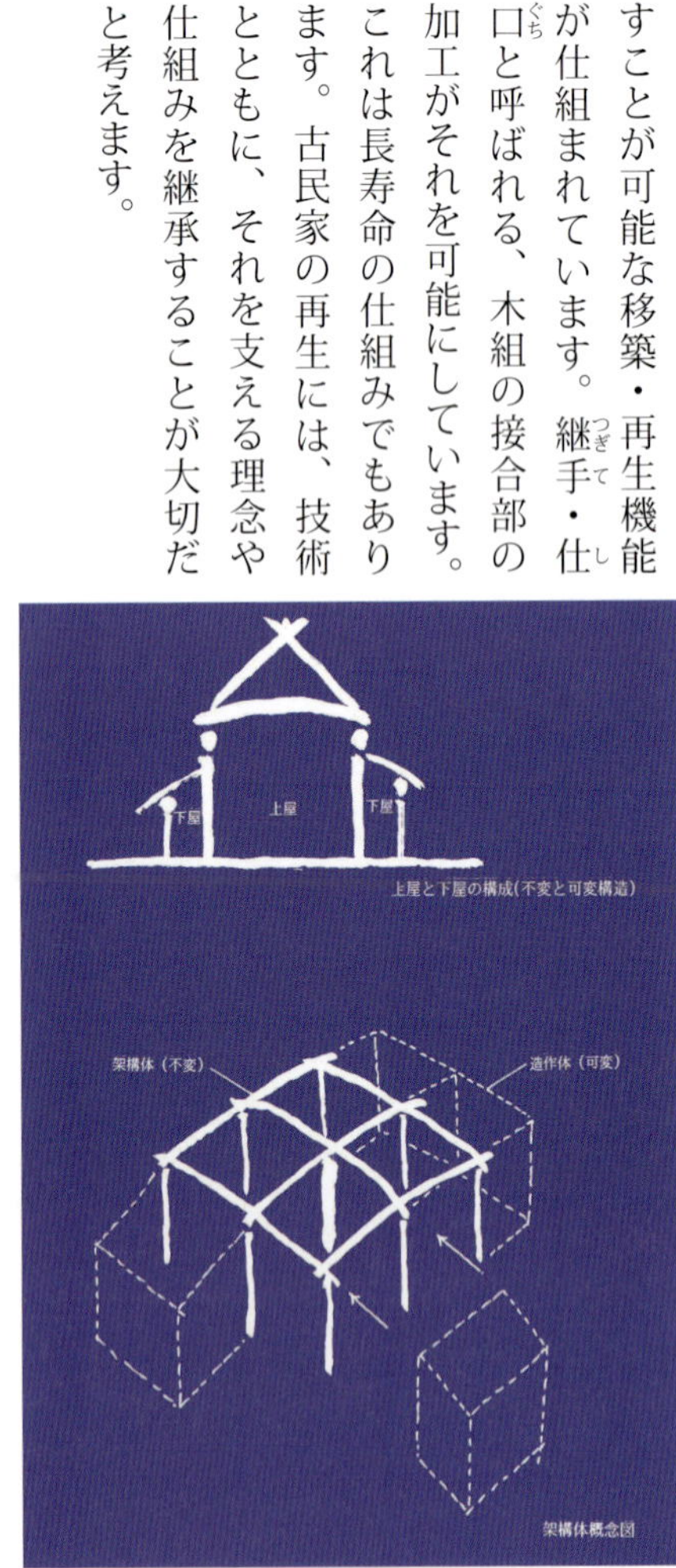

上屋と下屋・不変と可変

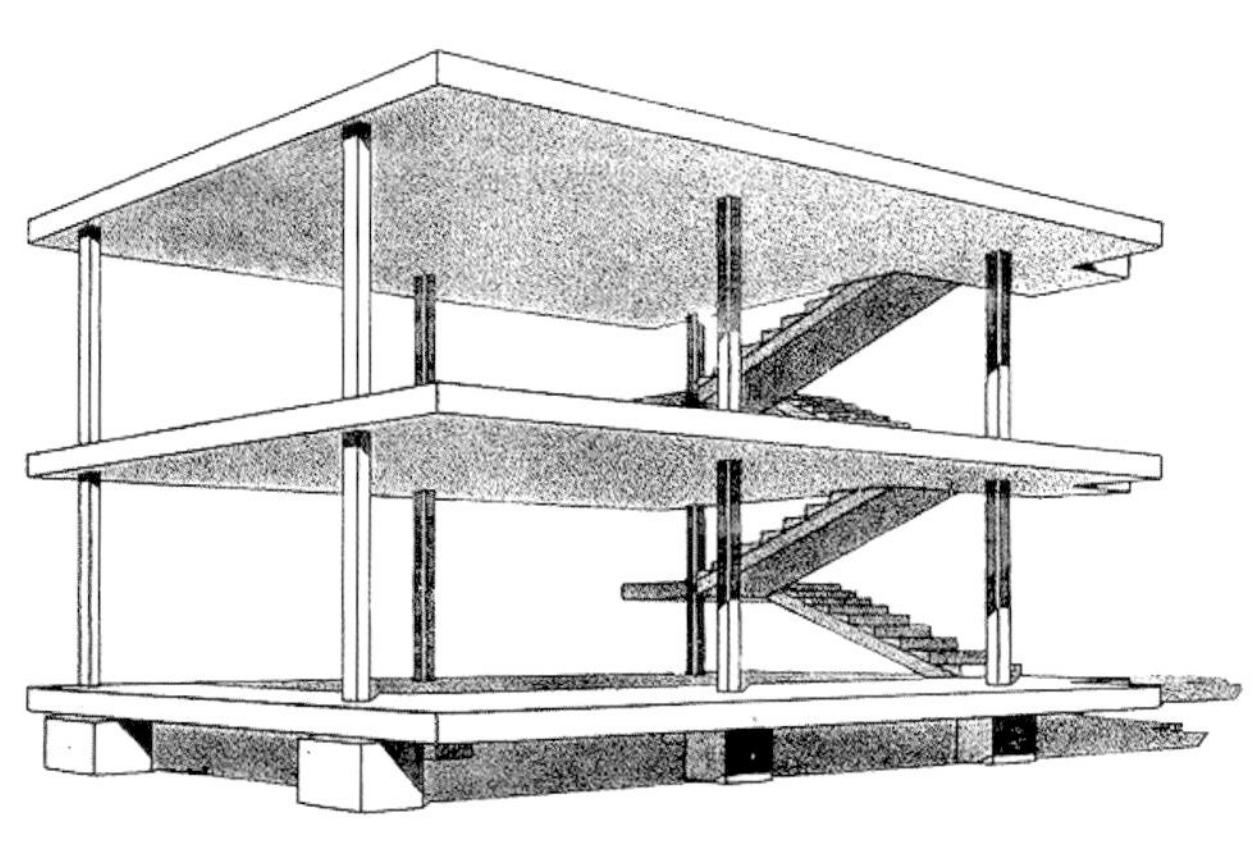

ドミノシステム

民家は再生機構をもっている

「民家とは、再生機構をもっている住居である。」故・稲次敏郎先生（元東京芸術大学教授）の言葉です。さらに「再生機構をもっている住居とは、基本構造体と造作体がそれぞれの役目を明確に分離分担している住居をいう」と続きます。学生時代に最も影響を受けた講義でした。

筆者の設計している木組の家も考え方は、稲次先生の講義が原点です。その教えを自分なりに忠実に実践しています。また、先生の仮説に沿って古民家を調べていくと、教えていただいた通りの、さまざまな基本的な仕組みにたどり着くことができます。

不変的な架構体を持つ上屋と、可変的な架構体を持つ下屋の「上屋と下屋のルール」（前ページ図版）もそのひとつです。

稲次先生は、フランスの巨匠ル・コルビジェのドミノシステムの概念も、すでに日本の民家に組み込まれていた概念であると指摘しました。富山地域の「枠の内づくり」という架構も、白川郷の合掌集落の架構も、同じように「木造ドミノ」と考えられます（第四章の事例に挙げた「鷹栖（たかす）の家」の架構も木造ドミノといえます）。

稲次先生の講義は、民家の仕組みばかりでなく、数寄屋建築の成立から茶室と道具の関係、庭園の考察まで、日本文化の本質に触れる幅広い内容でした。まだ日本建築のいろはも知らない学生にとっては刺激的で、多くの示唆に溢れていました。

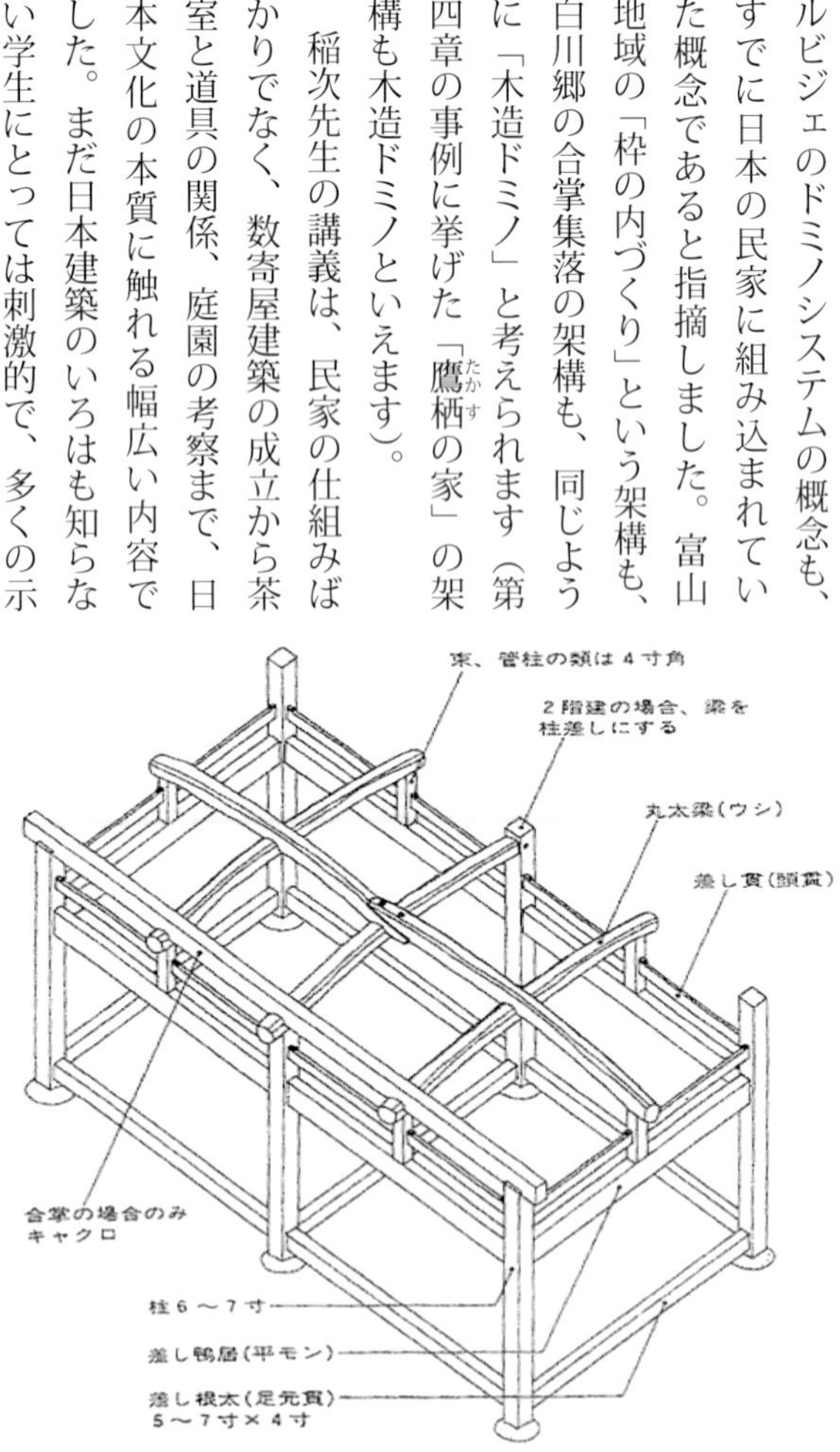

枠の内づくり

先生から教わった講義内容は、山海堂という出版社から『環境デザインの歴史展望―日本―』（一九九一年）という本になって出版されていました。残念ながら現在は絶版となってしまいました。日本の住まいを工学的視野ばかりでなく、文化史に沿った民俗学的視点からの解説が珍しくて新しい学問だと思いました。

しかし実務に就いて、現在の木造住宅建設の実態が日本の民家の流れからほど遠いところにあることを知って驚きました。現在の大学での建築教育は、民家について教えていないのが実態です。さらに現在の住宅の設計は、日本の民家の歴史とは別世界なのです。

大学教育の現場や研究者の間では、歴史と設計は分離しています。日本の伝統構法の家づくりを教えるところはほとんどありません。ましてや「民

合掌架構は木造ドミノ　白川郷の古民家解体現場

家の再生機構」という話はほとんど聞かれないのです。そのために教育現場では、伝統構法と現代工法の区別も教わらないのではないでしょうか。その原因は、建築設計の教育が明治以降の西洋建築の流れからきており、日本の伝統から離れたところにあるからです。むしろ、日本の伝統文化の本流を担ってきたのは大工職人たちなのですが、大学教育からは一線を画しているために本流にはなれていません。

とはいえ民家の再生機構は、建物の長寿命化には欠かせない仕組みだと考えています。それを可能にしているのは、組んでは外すことのできる木組であり、伝統の大工技術だと思います。

民家再生の意義

民家を再生することとは、そこに住む人にとって、むかしの人たちの生活に思いをはせ、そこに住んでいた人への思いを共有することにつながります。また、設計者にとっては、実測調査を通して、先人の知恵を読み取り、再び新しい建物に活かすように技術や工夫を継承するという有意義な作業にかかわることになります。

再生の目的が、復元であろうと、現代的な生活を提供することであろうと、「むかしといま」のつながりを考えることとは、生活や技術の変遷を知る意味でも意義のあることだと思います。

古民家は、気候風土に根ざした美しい建物です。オーソドックスでスタンダードな日本の住まいを目指す設計者や大工にとっては、素晴らしい教科書と言えます。日本の家づくりのエッセンスは、すべて古民家の中にあると思います。そこが古民家の価値であり再生の意義です。

いまにも崩れそうな古民家を直していると、時折、地元の人たちに「よせばいいのに物好きだ」と笑われることがあります。地元の人たちにとっては、日頃見慣れた民家の価値は見えないのです。ところが、再生工事が終了してからの評価はまったく反対になります。

一軒の古民家再生がきっかけで、周辺の建物も民家再生を始めることはよくあります。再生後の姿を見て、地元の人たちもようやくその価値や意義に気付くのです。それは町づくりにもつながります。

最近では、海外の人たちが日本の古民家を再生して住むことが多くなりました。日本人には見えない価値が見えるのでしょう。海外の人たちは、日本人の古民家に対する無理解に首をかしげています。驚いたことに、日本で壊されそうな古民家は、ヨーロッパなどの富裕層が買い付けて、自国で再生しているといいます。

彼らは日本の古民家に価値を見出して「日本人は、宝石を捨てて砂を拾っている」（カール・ベンクス『古民家の四季』新潟日報事業社）といっています。現代日本人の多くが、むかしから住み慣れてきた民家の価値に気付かないことと、日本家屋という自国の住まいに誇りを持てないことが残念でなりません。

日本の住まいをつくるなら、まず古民家から学ぶことが順序であり、民家再生は住まいをつくる人にとって必ず通らなければならない道だと考えます。

古民家を読む

古民家をじっくりと観察し、実測しながら目と手で触れて、描いてみて初めてわかることがあります。建物を図面に写し取ることで、優れた民家の知恵を改めて実感できるのです。実測しているうちに、お聞きしていたよりも、さらに古い時代の建物であることがわかり、当初の架構がよみがえった例もあります。時代は遡るほど、価値がある場合もあるのです。

また、古民家の架構を読み解くうちに、より一層丈夫な木組の工夫が明らかになる場合があります。古民家は、単純で丈夫な架構のほうが、長く生き続けていられるのです。

いずれにしても、実測することによって古民家の架構から、当時を知る手がかりの発見につながります。「古民家を読む」とはそのような行為のことです。

民家の実測調査のために書かれた、非常に優れた手引書がありました。『民家のみかた調べ方』（文化庁監修、第一法規、一九六七年）という本です。執筆陣は太田博太郎、大河直躬など、歴史系の先生方です。さらに、同書の発行の四年後には、全国で「民家緊急調査事業」が実施されました。おそらくこの本は、当時の全国の民家の存亡に危機感を覚えた文化庁による調査の手引書であったと思います。現在、各都道府県に残されている古民家の調査報告書の多くは、その当時のものです。

しかし残念ながら、この本は絶版になってしまいました。伝統構法が見直され、古民家の再生が盛んな現在だからこそ、全ての建築関係者にとって必要な本だと思います。なんとか復刻できないものでしょうか。実測のバイブルとして、実務者には必携の書だと思うのですが。

実測は発見の源

実測は、先人たちの知恵や工夫に迫れる良い機会です。主に解体現場で、継手や仕口などを実測できる機会があれば、伝統構法を最短の作業で習得できる場になります。実測は単なる寸法の収集に終始するばかりではなく、新しい構法や技術の発見があります。思いがけず架構のルールを見つけたときには、心が躍ります。先人たちと古民家を通じて、技術を共有した気持ちになり「むかしといま」がつながった感覚になります。実測調査は有意義でとても贅沢な時間です。

実測をしていると見慣れたつもりの民家にも、各地域ごとの違いがあることに気付かされます。気候風土の違いで素材や形が変わるのです。日差しの強い地方には日射に対して、雪国には雪に対して工夫があり、雨の多い地域には雨に対して、台風の常襲地には風に対する工夫があります。その違いは、主に屋根に表れます。

例えば、雨が多くて台風の通過地域である奄美地方では、屋根の勾配が強く、風に逆らわない壊れにくい「ヒキモン」と言われる木組の工夫がありま す。また、豪雪地域には、屋根に掛かる雪を落とすことによって、屋根への荷重を軽減する工夫があります。それらは全て建物の寸法を測ることによって理解できます。実測は、素晴らしい教育の場なのです。

ここで、実測に必要な用具一式をご紹介します。『民家のみかた調べ方』に

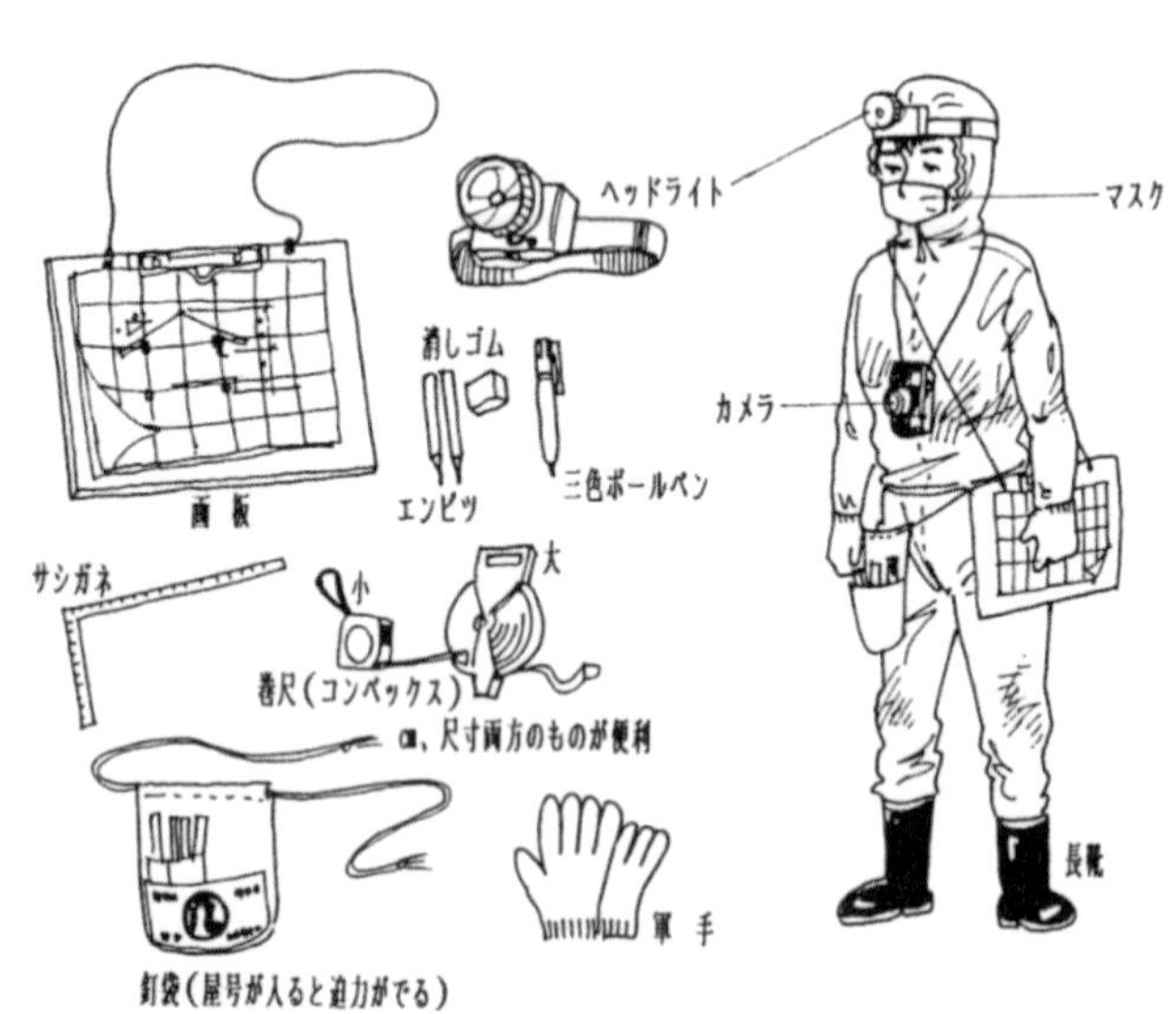

イラスト・実測職人（松井郁夫・画）

も書かれていないことなので、ここではわかりやすくイラストを使って解説してみます。

まずスタイル。どこへでも潜り込まなくてはいけないので、足の先から頭まですっぽりかぶれるフード付きのヤッケ。どんなに暑くても煤だらけの小屋裏や床下を進まなくてはならないので、軍手に長靴。口にはマスク、頭にはヘッドライト、首からはカメラ、腰には釘袋に筆記用具。巻尺に三色ボールペン。場合によってはサシガネ。画板には方眼紙、Tochiman 製の五ミリ目グラフA2‐51が目盛りが三段階になっていて使いやすく便利です。それらの筆記用具一式を、大工さんが使う釘袋に入れて腰に巻きつければ、気分はもう実測職人です。筆者が再生して実践例に挙げた建物は全て、実測調査を実施しています。

実測調査が、さらに魅力的なのは、古材の痕跡から先人の技を辿ることができることです。特に解体調査では、継手・仕口の接合部などに、むかしの丁寧な仕事が隠されています。伝統構法の建物の接合部は、架構をつくるうえでは最も大切な部分なのですが、大切なところほど仕上がると隠れてしまうのです。そこで、解体中に外された継手・仕口をスケッチし、寸法を採りながら時間をかけて野帳(やちょう)を整理していく作業は、伝統構法を習得するには実に有効な手段なのです（古材柱痕跡図・五十四ページ参照）。

巻尺を当てながら、野帳のスケッチに寸法を入れてゆく作業は、地道な仕事の積み重ねですが、先人の丁寧な仕事を共有できる、とても贅沢な時間だと思います。

再生のツボ

実測によって得られた新たな発見は、古民家を読み解き、理解するための要ですが、同時に再生設計のヒントとなります。

いわゆる再生のツボです。

この本で挙げているツボの多くは架構の特徴です。大切な部位としては貫、足固め、土壁、通し柱、石場置き、折置(おりおき)組などの伝統の部材や技術はしっかり使う必要があります。ただし、筋違(すじか)いや金物の使用は、木の特性を活かせないばかりか、木部を破壊する方向に働くので、古民家の再生では控えるべきです。

その他にも再生設計では、屋根の勾配を周囲の民家に揃えたり、素材は近くで採れる木材や泥を使うなど、町並みや気候風土に対する配慮が必要です。内壁や造作のつくり方まで、実測調査で得られた素材感や部材の寸法に準じて決定します。そのことによって、誰もが納得できる回答が得られるのです。

さらに大切なことは、再生することによって新しい息吹を注ぎ込むことです。

古民家の改修だからといって、なにもかもが古い形態に固執してはいけません。むしろ次の世代に引き継ぐためには、現代的な感性と未来への展望が必要です。ここでは新しい工夫が求められます。

また、間取りも固定されてしまっては、将来のライフステージの変化についていけません。もっとも古民家を調べていると、本来民家が持っている「架構と間取りの開放性」に誰もが気付くはずです。百年以上生きてきた古民家には、何世代にもわたる「可変性」がすでに開放的な架構の中に仕組まれています。つまり、ガランドウの家が長く生きるのです。

実測することによって、その実感を得られれば、調査の目的は達成したといえます。実測は細部ばかりでなく、大きな架構の仕組みを知ることも大切です。梁の組み方がすっきりと解けたときには、その合理的な考えに驚き、古民家でありながら現代に通

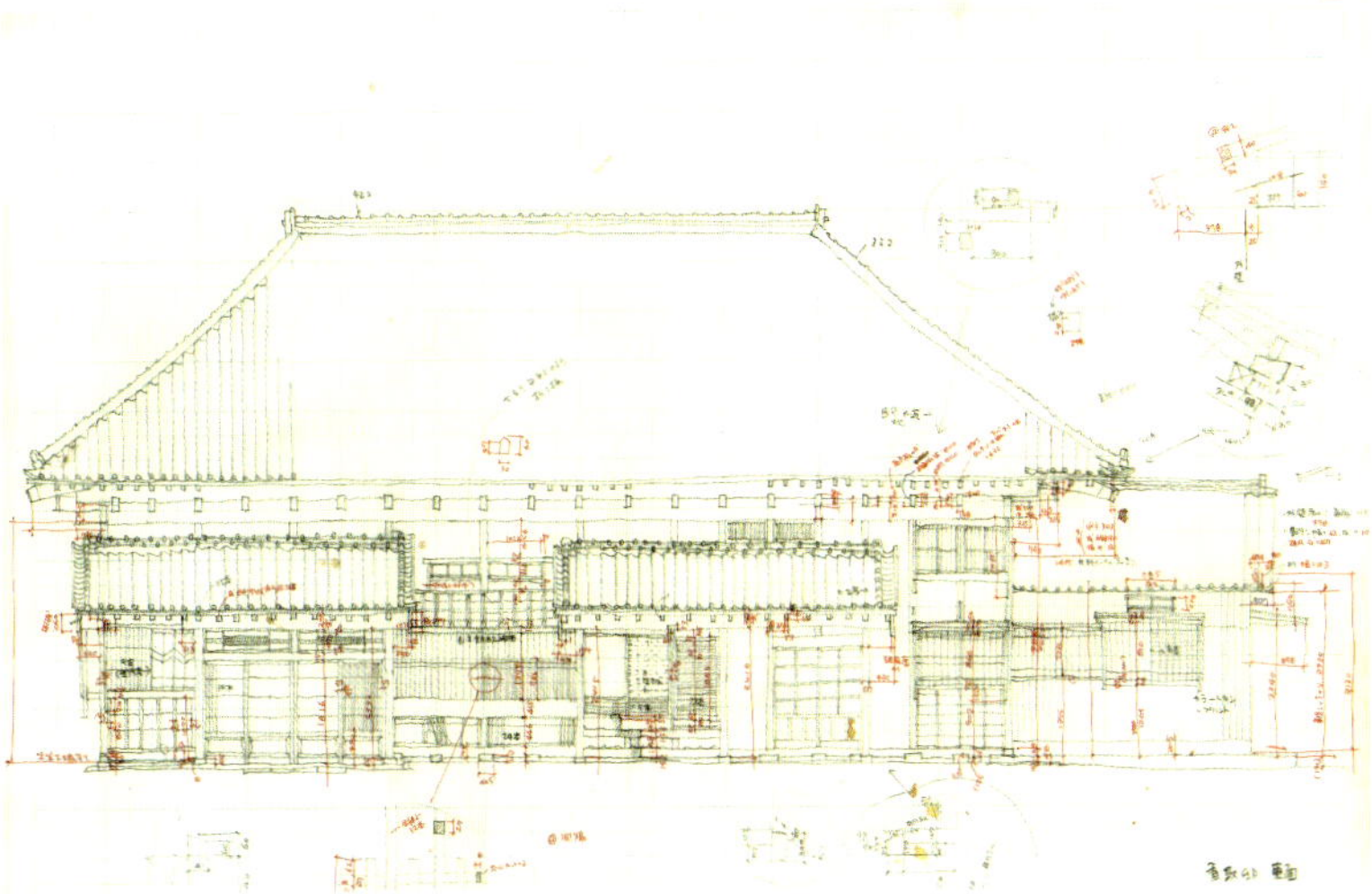

古民家の実測野帳

じる架構のルールに感動することもあります。

古民家を読むことは、日本の家の本質に還る大切な作業です。読み取った木組を、現代の家づくりに活かすように心がける必要があります。先人たちの遺志を尊重し、建物の仕組みを理解し、技術を受け継ぐことで、初めて次世代に向けて社会的な資産を引き継げるのではないのでしょうか。

古材の循環

民家再生は古い建物の保存があって初めて成り立つことです。建物が壊されてしまってからでは、再生もできません。ただし、解体した古材を扱う商売もあったようです。古材の使いわしは昔から古材商がいて、売買は銘木屋が兼ねていたと聞きます。

古材を何軒分か集めて「再架構」した事例があります。壊される古民家を「もったいない」の合言葉で解体し、販売している会津「古木屋」の小林政一さんという方がいます。その小林さんの紹介で、会津の古民家の古材を三軒分使って一軒の住宅を建てたことがあります。

一軒の家にそれぞれ違った家の古材が使われているのですから、部材の長さや使用場所がばらばらです。そのために気をつけたのが、「接合部」です。

伝統的な古民家の木組の接合部は、材木にホゾ穴を開けて差し込みますが、穴が増えると断面欠損が大きくなり木材の強度を損ないます。そこで、できるだけ穴とホゾの位置をそろえて、古材に新しい穴を開けずに強度を損なうことなく再度組み直しました。

実測した一本一本の材料の接合部を合わせながら組む作業は、パソコンのCAD上で試行しながら進めました。パソコンの図面上で再生する家を上棟させたのです。これはパソコンにしかできない作業かもしれません（再架構の家・九十八ページ参照）。

足りない部材は、再度古材を集めたり新材で補いました。そこが再架構のゆえんです。完成した建物はむかしの良さをいまに伝える住まいとなりました。

「もったいない」は今では世界共通語だそうですが、再生は循環社会の手本です。木は、時代を超えて使いまわされる素材として優れているといえます。木は切られた後も、成長した年月を生きるといいますから、百年生きた木は百年生きるのです。

木造の社寺などは、寿命の長い木を使いまわし、修理しながら千年以上も命を長らえてきました。古民家もまた百年を超える寿命を持つ家がたくさんあります。

新しい息吹を吹き込む

時代を超える古民家再生のデザインは、常に新しい感覚を求めています。新しさの追求は主に設備面に負うことが大きいと思います。現代生活を送るには、時代に即した設備が必要です。

一方で変わらない基本もあります。それは、長寿命の丈夫な架構をつくることです。さらに、自然素材を使うことです。太陽のエネルギーを得て地球上に存在する自然素材は、樹木や土など循環の体系の上にあり、環境的な面からも優れ、人の気持ちを豊かにしてくれるからです。

木は光合成を繰り返し、二酸化炭素を吸収し酸素を排出するという、大気をつくり出す作用があり、植えて育てれば生命を守りながら、永遠になくなることのない資源であるといえます。また土は本来、物質の還るところであり、生命の源であり、廃棄する必要のない素材です。わたしたちは常に、次世代に向けて地球環境を汚すことのない素材を選択し、循環を心がけるべきです。

伝統とは、常に新しい息吹を吹き込まれて、次の世代に引き継がれていくものだと考えれば、古民家の再生設計にも新しい現代的な解答があってよいはずです。むしろ積極的に、いまの息吹を吹き込み、次世代につなぎたいと考えます。そのことが、新たな伝統になるのではないでしょうか。

また、伝統的な古民家の木組には、新しい時代につながる発見もあります。本来、伝統に磨かれた技術には、合理的で無駄のないルールがあり、モダニズムと共通するものがあります。ドイツの建築家で、モダニズム建築の旗手であったブルーノ・タウト（一八八〇～一九三八）は、日本を訪れた時に、桂離宮の価値を見出し、再評価したことでも有名ですが、日本の民家を見て、美しく合理的な架構に大いに共感したといいます。

木組の民家は、潜在的にモダニズムにつながる簡潔さと現代性を併せ持っているのではないかと思われます。タウトが発見した日本の建築美は、まさに日本文化の本質を穿ったものだったのでしょう。わたしたちは、古民家を通して、日本の文化により深く目を向けていかなければならないと思います。目指すは、「いつか古民家になる」木組の家づくりです。

美しいをつくる

新しい息吹を吹き込むためには、美しさを兼ね備えなければなりません。それには、美術が必要です。美術は訓練することによって美しさの感性を磨くことができます。「美術も技術」です。「眼を鍛え、手を練る」ことが美しいモノをつくる道です。

再生設計の目的は、設備や間取りの更新ばかりではありません。耐震や温熱の性能アップも、もちろん大切ですが、最終的には、建物本体やその周辺の町並みが美しく整えられることだと考えます。そのためには、建物を美しく見せる必要があるのですが、建物の見え方は、屋根の勾配や壁の配置や開口部の大きさと形、バランスによって美しくも醜くもなります。

美しい姿形をつくるには、均整の取れたバランスが必要であり、プロポーションやボリュームなど「美の基準」を知らなければならないのです。それには、日ごろから美しいものを見る必要があります。幸いなことに日本各地には、まだまだ美しい歴史的な町並みが数多く残っています。美しさの規範は、伝統的建物群保存地域に求めることができるのです。昔の大工の「口伝」や町の規範を定めた「町触れ（まちぶれ）」にも、美しさについての言い伝えがありました。しかし、残念ながら暗黙知だったため明文化されることは少なく、後世に伝わっていません。大工の徒弟制度では言わずもがなの規範は「口伝」で伝えられたのですが、それも廃りました。

美しい日本の家をつくるためには、自然景観や町並みの景観に配慮する必要があります。自然素材を活用し、常に維持管理をして環境を持続することが大切です。いつまでも愛着が湧き、飽きることのない美しいプロポーションは、すでに古民家の仕組みの中にあります。

京町家の町並み

第三章　民家再生の課題

リフォーム時代の混迷

日本の家づくりは、いま解決しなければならない課題が、いくつもあります。

まずは、災害国日本に住む以上、言うまでもなく自然災害に対する備えです。二〇一一年三月十一日の東日本大震災や一九九五年一月十七日の阪神大震災など、周期的に日本を襲う想定を超える、大地震や台風や津波にどのように備えるかが、一つ目の課題です。

二つ目は、わたしたちの住まいの多くは、第二次大戦後の戦後復興と経済成長の間に建てられ、いままさにリフォームの時代を迎えているということです。これらを改修して耐震性能を向上させ、安心・安全な生活を営む住まいにする必要に迫られています。

しかしながら、戦後復興期に建てられた木造住宅は、架構があまりにも貧弱です。高齢化社会を迎え、老後の心配を抱えながら改修するには、あまりにも貧相な木造住宅の骨組みの中で生活しているのが、現代日本の住まいの実態です。

そして三つ目の課題は、これまでに建てられた建物も断熱不足による温熱性能の不備が、エネルギー消費量を増大させているという事実です。リフォームの分野にも、長期優良住宅の施策は広がり始めましたが、もともと性能の低い既存住宅の耐震と省エネルギーを兼ねた耐震エコ改修によって直した建物は、果たしてこれからの日本の資産となりうるのでしょうか？

ここで反省しなければならないのは、戦後七十年、量を満たすことに終始して、質の向上を満たしてこなかったことです。そのために日本の住宅産業界は、耐震性と温熱性の向上という二つの課題を同時期に抱えることになったのです。

改修対象の多くは、戦後復興期から高度成長期に建てられた在来工法の住宅です。すでに子ども世代が巣立って親世代が改修をする時期になっています。耐震補強を目指す必要がありますが、戦後の木造住宅の多くは、残念ながら復興時代のか細い骨組みで建てられていて、改修に耐えるのかどうか心配です。そのような建物の耐震性能を上げ、質を高め、長寿命化することはかなりの費用がかかることが予測されます。場合によっては無駄かもしれません。

一方で、古民家と呼ばれる長い時間を経過した建物もこれからの耐震エコ改修の対象です。古民家とは、欧米化される以前の伝統構法で建てられた庶民の住まいを言います。こちらは元来、太い柱と梁の架構を持っているので、改修や再生には向いています。

しかし、架構のつくり方が違うのにもかかわらず、古民家が戦後の在来工法の家と同等に語られることに問題があります。伝統構法と在来工法の区別がついていないまま混同して改修が行われているのです。

ここでは、混乱を避けるために耐震改修の手法を伝統構法による古民家の系列と、在来工法による現代住宅の系列というように、構法の違いに分けてお話しします（第一章で解説した伝統構法と在来工法の違いも参照）。

耐震設計の基本

既存の建物の改修によって何を獲得するかと問われれば、まず耐震性であり命を守ってくれる架構づくりです。さらに温熱環境の向上など時代の要請に応えることも大切です。ただし、どちらも費用がかかることなので、ここでは建物の建てられた時代によって改修方法にも違いがあることと、効果的に獲得できる性能と機能について要点を整理します。

まず、耐震要素を向上させるには、建物本体の性能を向上させる前に、「地盤」の状態を把握する必要があります。目視ではわからないことが多く、地盤の状態から判断することになりますが、敷地周辺の地名に現れる「沼」や「雨」など「水」にちなんだ名称に気をつける必要があります。敷地周辺に川や沼などのぬかるみがある場合は要注意です。

最も信頼できる地盤調査データは、各自治体に保管されている確認申請時のデータですが、既存建物の周囲でしか確認できない悩みがあります。

調査の方法は、スウェーデン式サウンディング試験と表面波探査法があります。ＲＣや鉄筋の住宅に比べ荷重の小さい木造住宅の場合は､どちらも手ごろな価格で信頼性がある方法です。限界耐力計算法で診断するときは、全国各地の地盤の種別を、国立研究開発法人・防災科学技術研究所「地震ハザードステーション」でウェブ公開されている情報から検索することができます。

柱と梁の「接合部」が、どのようにつくられているのかを知ることも大切です。接合部のつくり方は大事な耐震要素となります。戦後の建物は、建築基準法によって規定された金物に頼る接合部が主流です。プレカットも接合部に金物を使用した金物工法です。耐震性能を上げるために、建物を変形させずに固める工法ですから、金物が強すぎて、骨組みである木材を壊してしまう危険性もあります。

繰り返しになりますが、伝統的な継手(つぎて)・仕口(しぐち)は、木材の特性である「めり込み」や「摩擦力」を利用して、力を「減衰」させるという仕組みを持っているので、変形は大きくても粘り強く倒壊しにくい建物をつくることができます。古民家の改修時の接合部のつくり方は、建物の建てられた時代によって注意して選択すべきです。

次に、建物の「形」も耐震診断に影響します。地震時に力を受けるとき、矩形で曲がりのない建物は、耐震的に安定した形といえます。くの字に折れ曲がった建物や、でこぼこの多い建物は、地震力が加わった場合に不利に働くことがあるので注意しましょう。

また、極端に細長く、間口や奥行の狭い建物も弱軸方向に対して耐力壁が少なくなる傾向があり、同じように不利になります。既存建物の耐力壁が足りない場合には、改修時に別の壁の耐力を上げることなどが考えられますが、建物全体の耐力壁のバランスを整えながら計画する必要があります。その際に大切なことは、改修建物の耐力要素をすべて把握しておくということです。

耐力壁の配置計画は、壁量計算ソフトを使えばバランスの良い配置が可能ですが、筋違い(すじかい)が入っているかどうかなど、既存建物の耐力要素の実際を把握するには、詳細な調査と耐震診断が必要です。場合によっては、壁の解体も必要です。

法規の施行時期によって、耐力要素が違うため気をつける必要があります。特に、建築基準法で無筋のコンクリートの基礎も認められていた、昭和五十五年（一九八〇年）以前の建物には注意が必要です。昭和五十六年には無筋コンクリートの基礎は禁止され、底盤付きコンクリートに改められました。つまり、それ以降の「新耐震基準」施行後の建物のほうが丈夫ということになります。

既存建物の建設年代によっては、改修時の基礎に鉄筋補強も必要となります。ここで留意しなければならないのは、基礎コンクリートへの緊結は、在来工法の建物の場合に限り、石場建ての場合は足元フリーのまま再生するということです。

一般的な住宅の耐力を求める方法は、基礎コンクリートに耐力壁をしっかり固定することです。改修工事に際しては、土台や梁との接合部を十分に露出させて施工する必要があります。後施工であるため、補助の金物が必要となることもあるでしょう。

注意すべきは、石場置きの伝統的な建物の場合です。柱が直接、石の上に据えられて、土台が入っていない建物は、「限界耐力計算法」の考え方が必要です。在来工法の建物と同じ基礎の緊結方法にはよらないと考えます。

伝統的な石場置きの建物は、現代工法のように建物全体を強く固めることなく、木の「めり込み」と「摩擦力」を利用した「貫（ぬき）」によって、大きな変形をしても倒壊に至らない変形性能を備えています。改修の場合は、「貫」や「足固め」の存在を確かめながら、耐震要素を検討する必要があります。

それに対して、在来工法の建物は、強い耐力壁を軸組に挿入した壁量重視の工法です。筋違いや金物での補強は、軸組の木部に対して強く効きすぎて母材を壊すことがあるので注意が必要です。

つまり、在来工法の家は、日本古来の伝統構法にある粘り強さを持ち合わせていません。また、伝統的な石場建ての建物は、足元がフリーであることによって大きな地震力に対して、建物がずれて上物が壊れないことが実験によって確かめられています。ところが、残念ながら、それは現在の建築基準法には正確に反映されていません。

ちなみに、二〇〇八年の「伝統的構法の設計法作成および性能検証実験」の足元を固定した同実験では二体の試験体において、八本から十三本の通し柱が胴差し部分で折れました。胴差しは、江戸期までの日本家屋にはなくて、明治期になってから挿入された部材です。

一方、二〇一一年一月二十一日にE・ディフェンスで行われた足元フリーの実大実験では、試験体は足元が動いて、歩くような挙動を見せましたが、柱が折れることはありませんでした。

この実験結果から、伝統構法を意識して、建築基準法の見直しが行われました。二〇一六年の政令第四十二条第一項第三号に基づき「告示　平二十八国交告第六九〇号」で、足元の緊結は緩和されました。

柱下に鋼材のダボを入れることが条件付けられました。しかし建物の前後左右の動きを拘束するので、残念ながら完全な足元フリーとは言えません。

古民家と現代住宅の違い

現代住宅で使っている胴差しや筋違いは、明治以前の建物にはなかったということは第一章で述べました。伝統構法と在来工法の違いも理解していただ

2008 年　実大実験試験体

けたかと思います。つまり、伝統構法は明治以前の金物に頼らない古民家のつくり方であり、在来工法は現在、一般的につくられている金物補強を必要とする木造住宅のつくり方です。

ここで、留意しなければならないのは耐力要素の考え方です。現代住宅の耐震要素は筋違いがつくる強い壁が一般的です。横材である胴差しと土台、斜め材である筋違いが構成するトラスは、三角形不定の理にもとづき、強度の高い壁をつくることができるからです。

それにくらべて、古民家は柱と貫という縦横の直材が軸組を構成し、耐力要素を負担しています。筋違いのような斜め材はほとんど見かけません。木と木が組み合わさる交点の接合部の「摩擦」や「めり込み」を利用して、力を「減衰」する仕組みです。貫は、木の特性を利用した粘り強い壁をつくり、倒壊を免れ、生存空間を作ることができます。さらに揺すられて変形しても元に戻る「復元力」があります。

この違いがポイントです。現代住宅は耐力を重視した堅い壁をつくり、古民家は変形を許容する粘り強い壁をつくっています。堅い壁の補強には、金物で固く縛ることも必要とされます。一方、変形を許容する構造には、木と木のめり込みを活かした粘りと復元力を残し、倒壊を免れることが必要です。接合部を固めるような金物は使わない方が、生存空間を確保するためには良いことなのです。

古民家の耐震補強のために基礎コンクリートを採用したり、ボルトによる緊結をすることも、よくありません。現代住宅の場合は最初から基礎コンクリートとアンカーボルトを前提としていますが、古民家では石場置きが前提なので、大地に緊結しませんでした。石場置きの古民家を、基礎コンクリートにアンカーボルトで緊結し、金物で補強すると、本来の木組の変形を許容できず、大きな力が加わった時に壊れる場合があります。古民家の耐震改修では、木の特性を活かした減衰設計が適切なのです。

限界耐力設計という方法

現在の建築基準法では、古民家の改修が場合によっては、「既存不適格」というレッテルを貼られて、現行法にそぐわなくなります。古民家は改修しようとした途端に法に適合しないことになることがあるのです。それは、主に構造計算の前提が違うからです。

つまり、耐力要素の選択と変形時の許容範囲の違いです。一般的に耐震性能を上げるには、まず丈夫な壁をつくることが必要です。建築基準法の構造規定は一九五〇年（昭和二十五年）に制定され、その後、一九八一年（昭和五十六年）の新耐震基準施行により、必要な耐力壁の量、倍率の見直しが行われ、耐震性が大きく向上しました。

二〇〇〇年（平成十二年）には柱頭・柱脚・筋違いの接合部・耐力壁の配置・基礎等、それまで施工者に任されていた具体的な仕様が明確に規定されました。壁量規定については金物の仕様が強化されて、建物を固める方針が明確になりました。

ここで、古民家にとって救いになった、最大の改正事項は「性能規定」が生まれたことです。壁量規定以外の計算法によって、建物の耐震性能を確保する方法が明文化されたのです。

具体的には「限界耐力計算」の導入です。建築基準法施行令第八二条六では、建物に作用する地震力と変位を計算することによって、安全の限界まで変形を許容する計算法が認められました。それが「限界耐力計算法」です。開放的で軸組が主体の日本の古民家には、この計算方法が現在、最も適切だと考えられます。

本来、建築基準法上の耐震設計の考え方

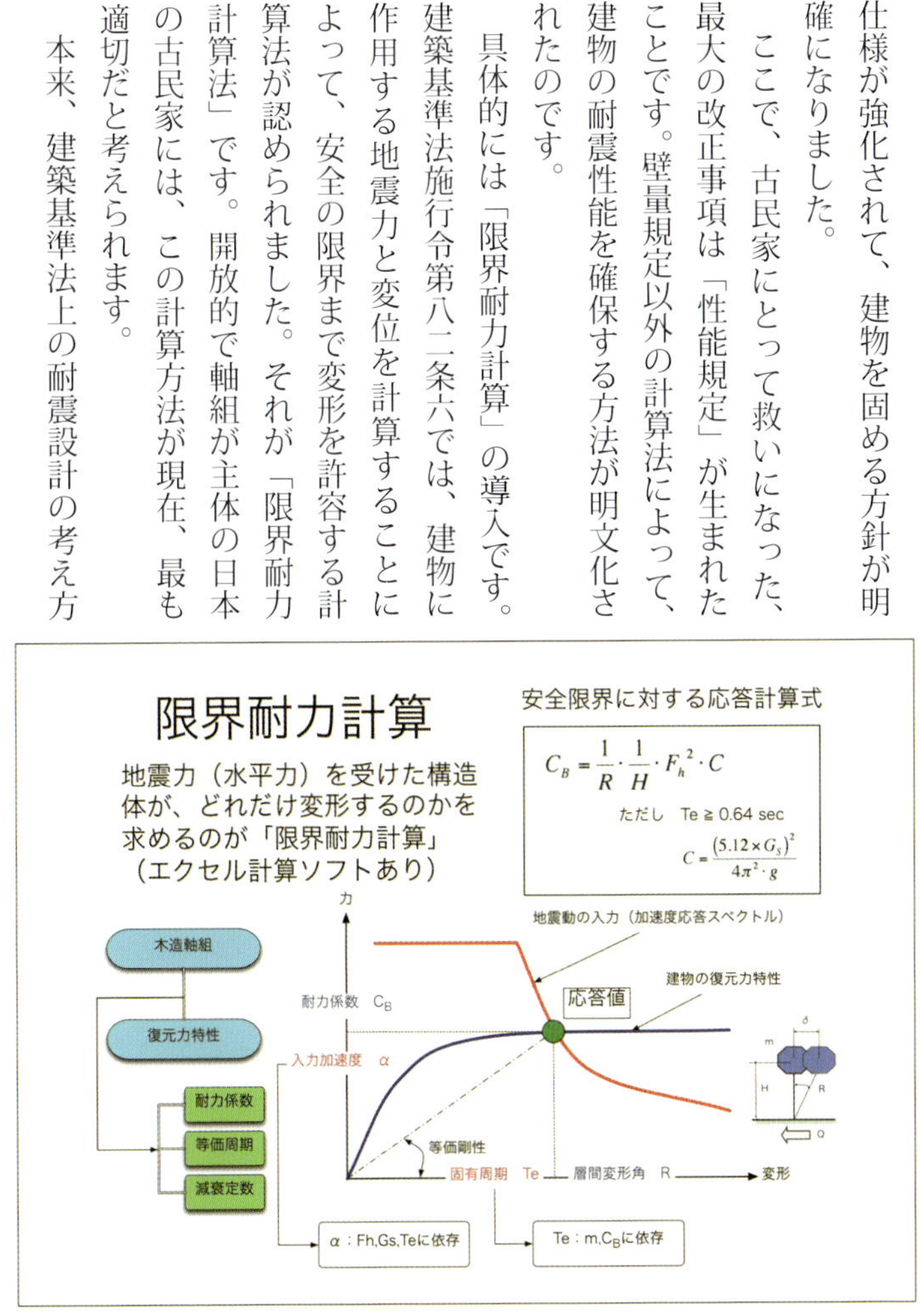

樫原健一氏提供

は、「中地震（震度五強）に対して損傷しない（構造躯体を守る）、大地震（震度六以上）に対して倒壊しない（人命を守る）」という理念があります。ある程度の建物が傾いたり、損傷することを許容しているのです。

限界耐力計算では、地震力が建物を壊し始める「損傷の限界」と、人命が危なくなる「安全の限界」まで各階の変位を超えないことを計算によって確かめるという方法です。つまり、損傷の限界は中地震に対して「構造躯体を守り」、安全の限界は大地震に対して「人命を守る」という基準法の理念に沿った性能規定です。

ちなみに阪神大震災では、基準法の想定を超える地震波が観測されました。東日本大震災では、さらに想定を超える地震波とともに大津波が発生しています。

災害多発国・日本に生きるわたしたちは、このように度重なる自然の猛威の前で、巨大災害に対する備えがどこまで可能で、どこまでが限界なのかを考えるときに来ています。これまでのように強度のみで自然に抵抗することの難しさを思い知らなければなりません。

二〇〇〇年の法改正によって、限界耐力計算法が基準法の告示に位置づけられたことは特筆すべき快挙です。ようやく、想定を超える自然災害に対しても、人の命を守るために先人たちが実践してきた知恵や工夫が生かされることを実証してくれたのです。

日本各地に残る歴史的かつ伝統構法でつくられた古民家は、この設計法によって新しい命を吹き込まれたのだと思います。

既存不適格といわれ、現行法に違反しているかのように思われていた、百年以上を超えて生きる石場置きの古民家が、そのままの姿で蘇るのです。この計算法によって、全国各地に残る古民家は救われたのです。美しい日本の宝が、生かされて使われ、未来につなぐことができるのです。

改修方針の確立

設計者は、改修対象の古民家の見方、調べ方として、現況の間取りや架構、地盤、木材の劣化、さらには漏気などの温熱環境の現況

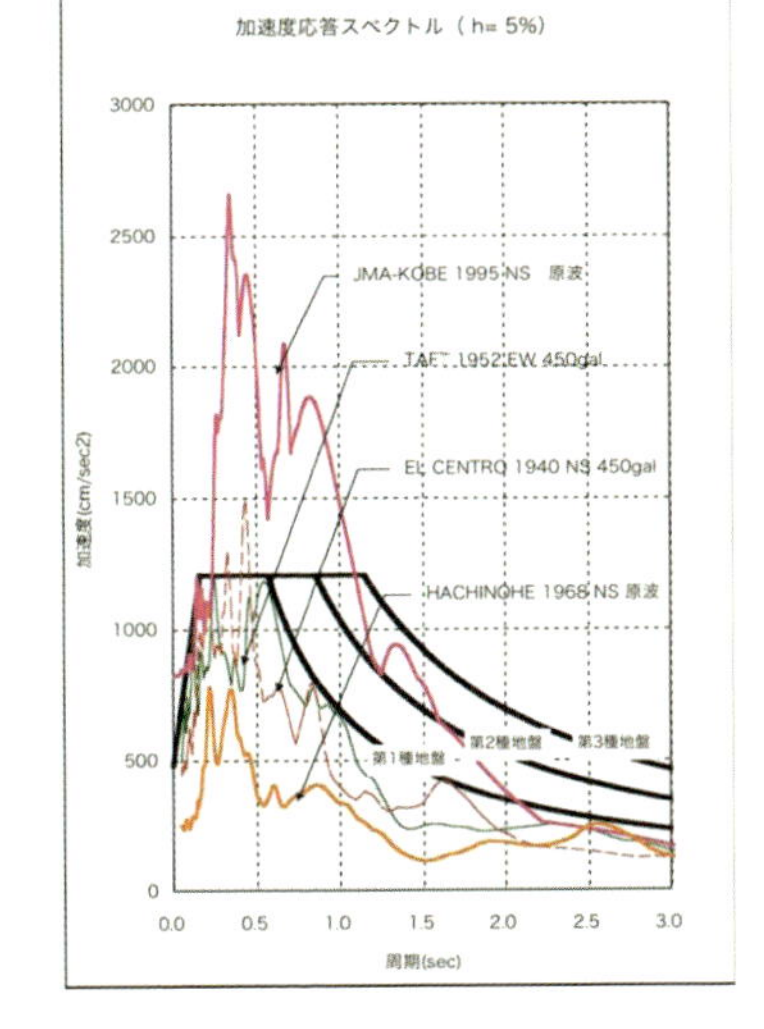

地震力の強さ

F＝mα

・設計用の地震動は建築基準法・施行令・同告示にもとづき設定する
・地震動の大きさ（加速度レベル）は地盤の固さ（Gs値）に応じて変化する
・建物に入る加速度は建物の固有周期、減衰定数に応じて変化する（加速度応答スペクトル）
・建物の受ける地震力は、
質量×入力（応答）加速度

樫原健一氏提供

を読み解く技術を身につけなければなりません。第二章で述べたように、古民家を読み、実測を実施し、新しい息吹を吹き込むためにしなければならないことは、「改修方針」を立てることです。

まずは、不具合の種類によって方針も違うので、その理由や原因の把握が必要です。

①設備の不具合

古民家の改修の第一のきっかけは、設備の不具合にあります。台所や浴室、トイレ等です。人が暮らす上で、最も大切な部分を担う場所です。水廻りという言い方をしますが、時代の変化に影響を受ける上に、水気が多いので腐りやすく、不具合の起こりやすいところです。

台所は、かつて土間に配置されることが多く、万が一、水が漏れても土の中に染み込んでしまうため、床が腐ることはありませんでしたが、台所が板張りになってから、最も腐りやすい場所になりました。トイレや浴室も床下の排水に苦労するのは、床に板を張るようになってからです。とはいえ、不具合が起こるたびに修理しなければならないので、給水や排水は一箇所で点検できるようにするといいでしょう。ヘッダー方式という集中配管方式は、維持管理がしやすいので、おすすめです。

②間仕切りの不具合

古い家は暗くて寒いというのが、当たり前になっています。暗いのは、窓や壁の配置が悪い場合です。寒いのは、壁が薄い上に漏気が防げないからです。

また原因の一つとして、改修するたびに、場当たり的につくった部屋や間仕切りが、室内を暗くしたり、風通しを悪くしている場合があります。最も多いのが、水廻りの配置です。庭先の光や風の通り道に台所を増築されては、家の中は暗い上にジメジメします。当初の配置のほうが明るくて風通しも良いことが多いので、元に戻して配置を計画することをおすすめします。寒さに対しては漏気を止め、断熱材を施工すれば防ぐことができます。

次に多いのは、部屋の増設による間仕切の無計画な配置が問題です。その場合、将来使えない部屋ができてしまいます。間仕切りは取り払っても広い部屋として使えるように、常に壁を取れるようにしておくことです。ここで大切なのは、間仕切りを耐力壁にしないこと。つまり、梁組の関係で柱を抜くことができるようにつくることです。

柱・梁が丈夫で壁に頼らず、がらんどうにできれば、生活の変化に伴って自由な間取りも可能になりますが、多くの場合、壁や柱が障害になります。このような事例は、既存の柱、梁の配置を把握した上で改修計画が必要になります。既存の建物の柱や梁の配置と間取りが合致していれば、柱・梁を残したまま改修できる古民家もたくさんあります。

架構に無関係に間仕切りを設える改修は、良くありません。無駄な梁や柱が増えたり、軸部への応力を素直に流せないことになってしまうので避けるべきです。間取りを考えるときには、常に架構との合致を図り、軸組を活かすことで改修がしやすくなります。

③動線の不具合

当初の間取りの計画は良くても、その後の改修で動線が悪くなる例があります。続き部屋が並んで廊下がなく、通り部屋ができてしまったり、入口や通路に人が集中するような動線が交差する場合は、住まいの快適性を阻害する要因となります。改善のためには間仕切りの変更が必要です。課題は間取りの不具合と同じところにあるのです。

もっとも、古民家のような和室の続き部屋が連続している場合は、廊下がないと動線の取りようがありません。動線が取れない場合は、一つの部屋をホールのように考えて、人の流れをスムーズに導く動線の分岐点と考える方法もあります。ホールとは、語源がオールから始まったといいます。「全ての部屋に導く場所」くらいの意味でしょうか。ヨーロッパの住宅には廊下がないことがあります。中間の部屋がホールという名の分岐部屋になっているのです。

座敷の続き部屋の中間を、分岐の部屋にすることもおすすめです。

④木材の劣化

構造材である木材の劣化状況を知るためには、目視観察はもちろんですが、建物の築年代や被災履歴がわかると判断しやすい場合があります。例えば大地震に遭遇したことがあるか、川の氾濫で浸水したことがあるか、雨漏りの痕跡があるかなどです。

築年数がわかれば、その地方の歴史上の災害履歴と合わせて、建物の被災状況をつかむことができます。また、家族や地域の老人への取材によってわかる場合もあります。

物理的に判断するには、建物の床下や屋根裏に入って調べる必要があります。実際に潜ってみると、床下や小屋裏の様子を体感できて判断に役に立ちます。また、虫害や漏水などによる腐朽の実態も目視で確認できます。

⑤温熱の不具合

古民家の寒さは、壁が薄くて隙間風が入ることが原因です。木や土壁は一見、暖かな素材のように感じますが、熱伝導率が良いので土も木も熱は逃げます。むしろ、熱橋（ヒートブリッジ）になります。

それでも厚い土壁を使った蔵などでは、土の持つ熱容量の高さで室温はある程度安定して吸放湿作用も優れているのですが、住宅のように薄い壁は、熱損失量が大きくて温熱的には不利です。特に冬の寒さに対しては無防備な場合が多く、室内で暖房をしても熱は逃げてしまいます。かといって、室温の上げ下げをストーブやエアコンに頼って、エネルギーコストをかけすぎることは問題です。古民家の改修では、暑すぎず寒すぎない、程よい温熱環境をコントロールしたいものです。

古民家は高気密・高断熱には向かないと思われがちですが、実際に計測したところ、開口部の気密化や屋根、床下の断熱材挿入で、かなりの不具合は解消できることがわかりました。土壁の断熱化も難しいといわれていましたが、天井などその他の部位の高断熱化を図り、トレードオフすることで解消できることもわかりました。むしろ土壁を残して吸放湿性能や蓄熱性能を活かすことによって、体感温度を快適にすることが大切だと考えています。

体感温度についての論考は、宿谷昌則先生の解析がわかりやすいので紹介します。

「体感温度は、周辺の壁の温度と室温の平均ですので、壁や床を暖めることが大切です。室内の空気を暖めるより、壁の温度を上げたほうが快適さを感じることが出来ます。周壁からの放射熱が体感を良くしてくれるからです。そのためには、外壁にしっかり断熱材を入れることです。断熱材は、設備だと考えます」（宿谷昌則編著『エクセルギーと環境の理論』井上書院）

また、北海道立総合研究機構の荒谷登先生は、『住まいから寒さ・暑さを取り除く』（彰国社、二〇一三年）という名著を書かれた研究者で、外断熱の開発者です。外断熱を始めて、熱橋を考えなくても良くなり、開放的な室内が実現できるようになったとおっしゃっています。

維持管理を容易にする

次に、維持管理を容易にする必要があります。建物を改修する理由の一つは、設備の不具合であることはすでに述べました。水廻りが最も不具合が集中するところですので、水廻りは常に注意が必要です。漏水に伴う木部構造への影響は、最も心配なところです。普段見えないキッチンの床下や浴室、トイレの給・排水管などは、経年劣化により必ずトラブルを抱えていると考えてよいでしょう。

設備機器は毎年、新製品が出て更新されます。ただ、施工方法によっては配管部分の取り換えが容易ではない場合が多く、長寿命の家を考えるならば、給排水管の更新やメンテナンスが容易にできるような器具を選び、配置を設計すべきです。

給水管はヘッダー方式が一箇所で点検できて便利です。排水配管は床下に潜って見えないことが多いのですが、更新に備えて基礎コンクリートのスラブ上で切り回し、外部に掃除口をつけるとよいでしょう。スラブ下への施工は禁止です。どちらも、長期優良住宅では実践すべき仕様となっています。

温熱環境を向上させる

東日本大震災以降、エネルギーをできるだけ使わずに快適に暮らす方法が模索されています。設備機器のメーカーなどは、この際、省エネルギー型の機種に替えることを推奨していますが、それだけでよいでしょうか。

省エネルギー対策として温熱性能の向上は欠かせないと思います。ここでは断熱、遮熱、通気の考え方について触れたいと思います。省エネには、冷暖房効果を上げる必要があります。それには断熱材が不可欠です。断熱や気密が、住宅の性能として取りざたされ始めたのは、最近のことです。断熱材として、グラスウールが出始めたのも四十年さかのぼるくらいです。まして、気密性を上げるために高気密・高断熱が一般化したのは、ほんの二十数年前からです。オイルショックを契機に、一九七九年に省エネルギー法が制定され、冷暖房の効率の良さが話題に上ってきてからです。

その後、地球環境問題の認識が高まるとともに、地球温暖化への対応として、機器の改良と断熱性能の向上が求められるようになりました。二〇二〇年には、一次エネルギーを削減する改正省エネルギー法の義務化が予定されていましたが、業界の理解と対応の遅れから見送られてしまいました。

仕上げ材の経年劣化にも留意する必要があります。森羅万象、形あるものはいつか朽ちます。

住宅の仕上げ材にとってもそれは同じことです。でき上がった時に美しかった外壁や床も、年とともに汚れたり、風雪に削られていきます。劣化とともに性能も落ちてゆくので、その都度の改修時には更新が望ましいと考えます。むしろ更新しやすいように計画することも、必要なのではないでしょうか。

断熱材は外部の熱気や冷気を伝えず、内部の熱を逃がさない素材として有効です。室内での体感温度を快適に保つためにも、高い断熱性能が必要であり、室内の温度差の解消にも欠かせない素材といえます。ただし、断熱材施工には注意が必要です。施工の精度によっては、壁内に結露することがあるからです。対策としては、防湿層や防風層の挿入位置に気を配ることです。九十七頁の図は、断熱層の基本構成としての事例です。

ただし、古民家再生では、気密を上げるためのポリエチレンフィルムは使用しないほうがいいでしょう。自然素材を密閉することは、古い建物にとっては良くないからです。むしろ、呼吸する壁をつくりながら温熱環境を確保できると良いと考えています。そこで、可変透湿シートをおすすめします。湿度の高い時には穴が開いて水蒸気を放出し、湿度が低い時は閉じて熱を逃さないように、呼吸する壁をつくるシートです。

そして、結露対策と雨水侵入防止を兼ねて、屋根と壁内に通気層を設けることは、いまや常識です。最近では遮熱シートの効果を謳うメーカーも多くあります。遮熱層が屋根など直接、日の当たる箇所の熱の遮断に対しては有効だと考えられます。

本来、建物を建てる際には、太陽光の日射を遮蔽するために軒の出や、建物の配置などで温熱環境を整えた上で、地域の気候風土に適合した建物の設計が望まれます。

また、国土交通省の推奨する「自立循環型住宅」の考え方は、エネルギー消費を五十%削減する住宅の設計方法として、効果があります。

①自然風の利用、②昼光利用、③太陽光電、④日射熱の利用、⑤太陽熱給湯、⑥断熱外皮計画、⑦日射遮蔽手法、⑧暖冷房設備技術、⑨換気設備計画、⑩給湯設備計画、⑪照明設備計画、⑫高効率家電機器の導入、⑬水と生ごみ処理と利用などを挙げています。

建築環境・省エネルギー機構発行のガイドラインを参考にしてください。自立循環型住宅の実践は、快適な室内をつくるためにできることのひとつです。古民家の改修もリフォームも、一次エネルギー換算で燃費の良い家づくりを目指す時代になりました。

二〇二〇年から全ての建物に義務化される予定だった改正省エネルギー制度も、建築業界では省エネ講習会などの啓蒙の時期はすでに終わりました。導入には外皮の熱損失量計算や、日射取得量計算など計算ソフトの活用が必須です。エネルギーの数値化によって、人にとって快適な温熱環境が得られるためには、土壁のような熱容量が大きく吸放湿に優れた素材の見直しや遮熱シートの効果など、さらに工夫が必要だと感じています。

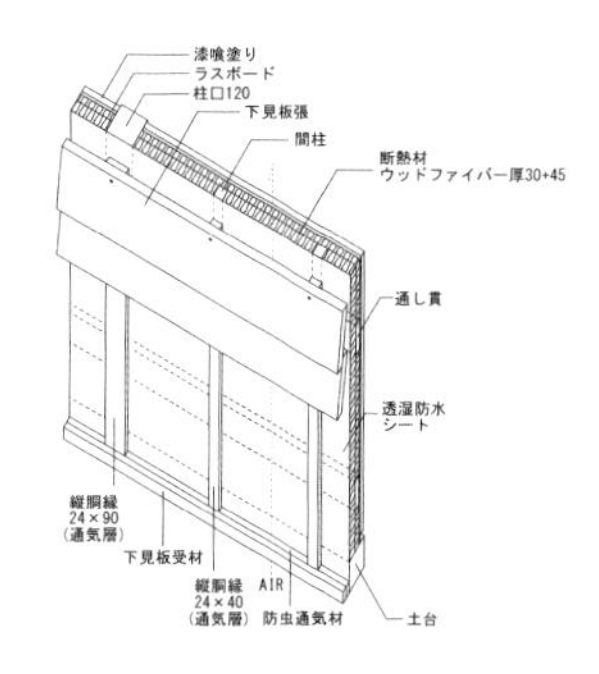

①下見板張：充填断熱

間柱下地の一般的な納まりで、
ほとんどの断熱材が使える。
板張の場合、胴縁を通気胴縁と併用できる。
この場合の胴縁は21mm以上とする。

「室内側の透湿抵抗を高く、
室外側（通気層直前まで）の透湿抵抗を低く」
という通気工法のルールを徹底すれば、
内装材は何を使用しても良い。
木の繊維などの吸放湿性能のある断熱材なら、
壁構成を定常計算・非定常計算で結露の恐れのないことを確かめれば
室内側の防湿フィルムを使わない設計も可能。

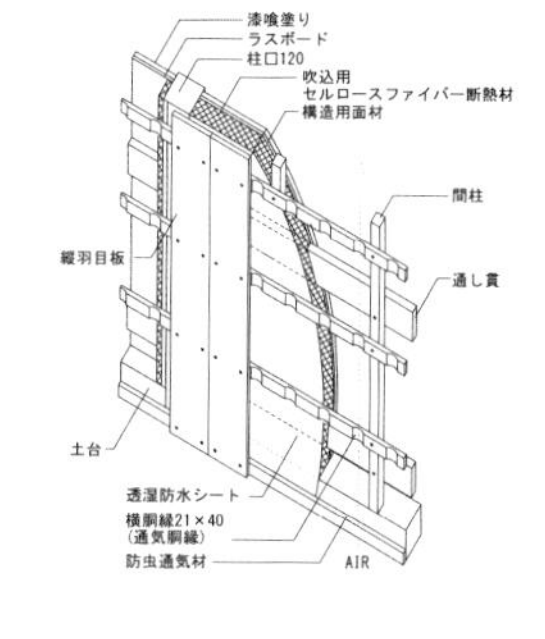

②型羽目板張：吹込充填断熱（室内側構造用面材）

吹込用セルロースファイバー断熱材は、貫構法と相性が良い。
セルロースファイバーは壁内に隙間なく吹込むが、
長い時間に断熱材の自重で下に沈んでいくことがある。
断熱性能も大幅に落ちる。
貫構法なら貫が断熱材を支える役目を担うので沈む心配がない。

吸放湿性能のある素材を採用しても、通気層を確保することと、
通気層の手前の透湿防水シートは必要である。

縦板張りの場合、下地が横胴縁となるため、
通気のために十分な隙間のある「通気用胴縁」を採用すると良い。

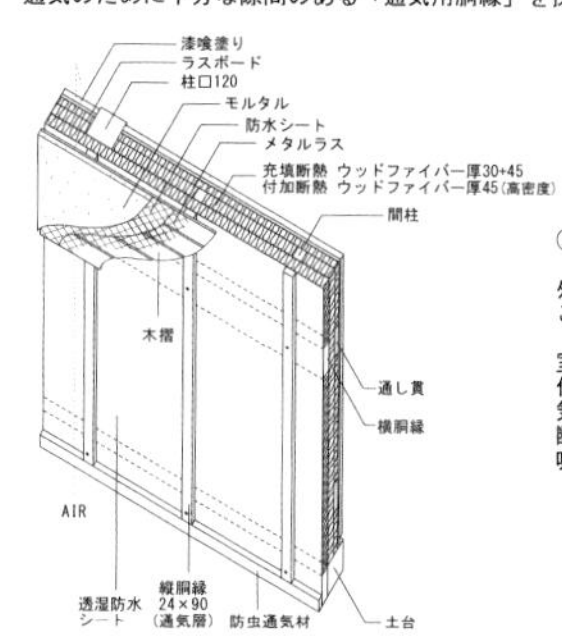

③モルタル：充填断熱 ＋ 付加断熱

外部をモルタルで仕上げる場合も考え方は同じである。
ここでは付加断熱を45mm追加して、合計120mmの断熱材を用いている。

室内側に、吸放湿と蓄熱性能に優れた自然素材の木の繊維系断熱材を使い、
付加断熱には、断熱性能の高いフェノールフォーム系断熱材を
気密テープで目張りして用いることで、
断熱性能が低くなりがちな自然素材系断熱と、
吸放湿性能のないフェノールフォーム系断熱がお互いを補い合う形になる。

④外部モルタル・内部土壁：充填断熱 ＋ 付加断熱（屋外側構造用面材）

土壁の性能を生かすための高断熱壁構成である。

土壁は吸放湿性能と、蓄熱性能に優れた素材なので、
外気をしっかりと断熱できれば、
室内は快適な体感温度を得ることができる。

そのため、横胴縁を入れて、外張りにする形で60mmの付加断熱とし、
断熱性能を高めている。

構造用面材には、ダイライトを柱の外に設置している。
ダイライトは透湿抵抗が低く、湿気の動きを妨げないため、
通気工法と相性の良い建材といえる。

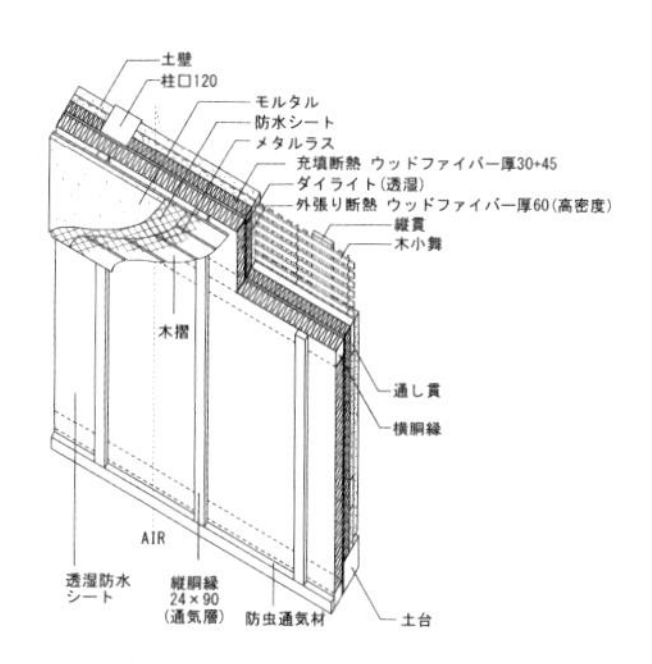

断熱材施工要領　（松井匠・作画）

第四章　民家再生の実践

耐震改修から温熱改修まで

筆者は、幼年時代から十八歳までの最も多感な時期を、古い町並みの城下町で過ごしました。その歴史環境と自然豊かな故郷の原体験が、高度成長期の画一的な町並みの変化を受け入れがたいものにしました。大学生の時、「全国町並み保存運動」に身を投じたのも、必然的な流れでした。当時は、都市計画の名のもとに全国で古い町並みが破壊されていた時期で、いわゆるスクラップ・アンド・ビルトの時代でした。

都市計画に「開発」の文字はあっても「保存」という言葉はなかったのです。しかしながら、大学では環境系の研究室が出現し始め、東京藝術大学の大学院にも「環境造形デザイン研究室」が設置され、稲次研究室の第一期生として環境保全をテーマに学び、社会人となりました。

外部環境と建築環境の融合を得意とする藤本昌也氏の率いる「現代計画研究所」に入所し、都市計画室に配属されました。アーバンデザインが日本に定着する前で、横浜の本郷台駅前広場や、尾道の歴史的道づくりを担当しました。そこで、町並み形成には個々の建物が大切と思

茨城県古河市　三階蔵　篆刻美術館

い至り、木造建築の仕事を手掛けたくて、大工棟梁の門を叩いたのです。

おかげさまでその後、設計事務所として独立してからも大工棟梁はもちろん、稲次先生と藤本先生の両先生の教えを守り、歴史的な都市や建物の保存再生に関わることができています。

事務所の仕事は、百年を超える伝統的な町家や農家の再生であり、美術館やホテル・カフェなどに利用されています。もちろん小さな住宅も含まれていますが、戦後の住宅は復興のための「在来工法」であって、伝統の木組ではないので、扱っておりません。

再生設計を始めた当初は、耐震改修が主な課題でしたが、最近では耐震性と温熱性の向上の両立が要求され、いろいろな工夫をこらしてその両方を実践しています。いわゆる、暗くて寒い古民家の性能の向上です。

本章に挙げる事例ではその実践を紹介し、これからの古民家再生の指針となれば幸いです。

事例一・古河の三階蔵 ――「石蔵の美術館」

茨城県古河市は、関東平野のほぼ中央に位置し、渡良瀬川流域の水運の要衝として栄えました。奈良時代より「まくらがの里」として万葉集にも詠まれた歴史・文化の中心地です。市内には、大正のころに絹糸の集散地として栄えた名残の石蔵が数多く残っており、歴史的町並み景観を形成しています。

中でも、平野家の三階蔵は目抜き通りにあって、人目を引く規模と景観です。むかしから「蔵をつくるなら平野さんの蔵を見ろ」と言われたほどの立派なつくりで、関東大震災にも耐えた建物なのですが、道路拡幅の憂き目に遭い、壊すには忍びないと判断した古河市では、曳家をしても残して、美術館として活用することになりました。

一九九〇年当時、古河市では、城跡を中心と

篆刻美術館　玄関

して旧市街地を歴史の町としてまちづくりを始めたばかりで、城跡には歴史博物館を建設するなど、町の核づくりが盛んでした。三階蔵も博物館の別館ということで再生工事が実施され、同時に家老鷹見泉石の屋敷の復元も筆者が担当させていただきました。故・吉田桂二先生の推薦で、独立まもない筆者が、二軒の再生設計を担当させていただいたことは、幸甚に余りあります。

三階蔵は、大谷石のつくりで深い庇の下に二連窓が付き、堂々としていました。

中庭から見た篆刻美術館

棟木に墨書きがあり、「大正九年十二月二日棟梁・岡本善次郎、石工・木村伊之助」の名前が刻まれていました。日本の蔵に洋小屋構造のトラスを取り込む和魂洋才を発揮した職人たちです。

蔵の一階には階段はなく、付属屋から二階に出入りしていました。再利用の用途は、地元の無形文化財になっている「生井(いくい)子華(しか)」という篆刻(てんこく)家の展示美術館となることが決まっていました。篆刻とは、書画の落款(らっかん)に使われる印鑑のことで、小さい印に宇宙を感じさせる世界です。

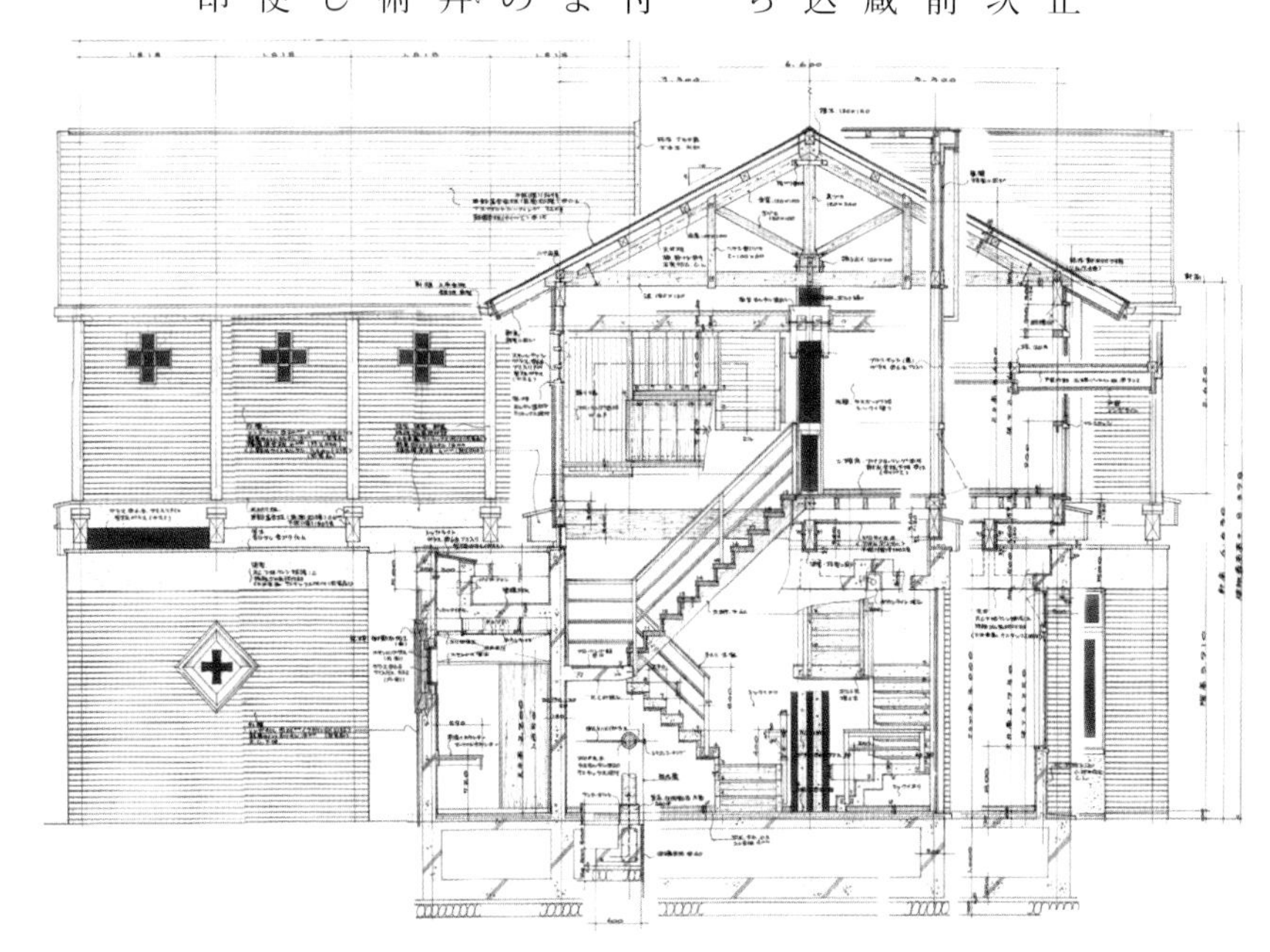

矩計断面図

多くの利用者に応えるために、新たに受付と休憩所を設けることになりました。一階がＲＣで二階が木構造の混構造とし、受付から奥には庭を通して別棟の二階蔵があり、ギャラリーとしました。再生の折に二階に付属屋として設計した木造の休憩所の構造は、三階蔵と同じトラス架構を踏襲し、歴史を感じる要素を繰り返すことで、時間を超えて来館者に親和感が生まれるように考えました。

庭には小さなせせらぎと池を配し、既存の手水（ちょうず）を水源として使いました。

現場では、できるだけこの地域の素材を使うことを心がけ、明治時代に近くの野木町で生産していたという焼きレンガを外壁に使いました。当時のレンガではないのですが、土物の焼煉瓦と大谷石がこの建物の顔になっています。

新旧の素材の融合を目指して、入口のドアの取っ手には現代美術作家による、金属彫刻を採用しました。今では、古河の町の他の文化施設とネットワークする町のポケットパークのような存在となっています。

さらに、この建物は、再生後に国の登録文化財に登録されました。古い蔵が美術館という用途を変更した後に文化財登録されたというのは、大変、珍しいことだと思います。

古河の町は、市町村合併後も歴史的な建物を活かしたまちづくりに熱心に取り組んでいます。

鷹栖正面外観

事例二・鷹栖の家

「江戸・大正・平成の改修」

福井県越前町鷹栖（たかす）に立つ、日本海に面した海岸沿いの古民家です。大正時代の建築というお話で、お孫さんの成長に合わせて改装・再生したいというご要望でした。

調べ始めた折には、この家は大正時代に建てられた築九十年ほどの建物とお聞きしていたのですが、小屋裏に登ってみて不可解なことに気が付きました。瓦の載った大きな屋根と、大黒柱のある大梁で組まれた軸組が分離しているのです。

つまり、この古民家は架構が二重にかけられていて、大きな瓦屋根の下に古くて太い骨組みが入れ子になっていたので

火事の痕が残る江戸時代の架構

す。よくよくお話をうかがうと、江戸時代に火事に見舞われているといいます。見れば大黒柱と差し鴨居の一部に焼け焦げた痕跡があり、実測調査を進めると、馬小屋や便所の跡が見つかり、南側の道沿いにも火災の痕が出てきて、この家が江戸時代の架構を残す建物であることが判明しました。おそらく当時は茅葺きだったと考えられます。

建設当初の時期がわかりにくかったのは、奥の座敷廻りを昭和の初めに改装してあったために、古い架構との区切りが見えにくかったからです。改装は何度かにわたってなされていました。少なくとも二度、大正

入れ子になった江戸時代の架構と大正時代の架構

時代と昭和の初め頃だと思われます。

大正時代に瓦屋根に改装した時がもっとも大掛かりで、茅葺き屋根を下ろして、瓦葺きの大屋根を掛け、下屋を廻して現在の外観になったのでしょう。

当初の骨組みは、火事の痕跡の残る古い軸組部分であり、古くて豪壮な松丸太の梁組の上に、スパンの長い比較的新しい大梁が飛んでいることがわかりました。その大梁が瓦屋根を支えていたにもかかわらず、当初の古い軸組に固定されていなかったのです。つまり、屋根にかかる力をできるだけ、下の軸部に伝達しないように気遣っているのです。

おそらく大正時代に改装を請けた大工棟梁は、当初の古い軸組を傷つけることなく、新しい大屋根を掛けようとしたのではないかと思われます。このことは、先人の仕事に対する敬意とも受け取れます。大工として次の時代を担うことも大切ですが、先人の残した古い仕事を元に還す、というのも大切なことだと考えたのではないでしょうか。これはむしろ、先達に対する敬意であり、職人のものづくりとしての「作法」と呼ぶべきだと思います。

いずれにしても「鷹栖の家」で驚くのは、架構の豪壮さです。三間×二間半の空間を、いとも簡単に丸太の大梁が渡っています。梁の太さに驚くとともに、見上げた時に太い梁が軽やかに見えるから不思議です。架構が素晴らしく力強く、かつ美しい建物でしたから、この家は室内から全ての架構が見えるように再生しました。むしろ、架構から発想してデザインを考えた、といっても言い過ぎではありません。

古民家再生の醍醐味は、このような架構のダイナミズムに触れたときではないでしょうか。数寄屋造りのように、精緻で丁寧なディテールも魅力ですが、なんと言っても民家には「見せることができる太い骨組み」があります。これらの柱と梁の架構のダイナミズムを活かさずに、古民家の再生は考えられません。見せるべきは柱梁構造の「力強さ」だと思います。

事例三・宇都宮の古民家モダン――「ホテルのようにつくる」

宇都宮の郊外に立つ今から百三十年前に建てられた大きな農家です。何回かの改装を経ていよいよ取り壊そうとした折に、当時高校生だったお孫さんが「この家が好きだ」といったことから再生が決まったということでした。

元は茅葺きだったそうですが、数年前に板金に取り替えていました。厩(うまや)も切り落とされて台所に変わっていましたが、暗くて寒い、段差の多い家でした。

ご要望は「ホテルのような家にしてほしい」という通常の民家の再生では、ほとんど聞かない内容でした。奥様がこんなイメージでと言って、見せてくださったのは、イギリスのコンランン卿の美しいインテリアの写真集でした。

古民家再生の場合、一般的には「昔の姿に戻してほしい」という要望が多いなか、この古

民家の場合は「ホテルのようにしてください」という新しい課題をいただいたのです。

一瞬、躊躇しましたが、古民家をモダンに再生したらどうなるのかと考えると、ワクワクして、やる気が出てきました。

考えてみれば、ヨーロッパの石造りの建物が、外部は古くても、内部が現代的に改修されている例はよくあります。海外に行かれた方なら、どなたも経験していると思います。つまり堅牢な石造りの家では、古い建物を外部をそのままにして、内部を現代生活に合わせて改修することは、当たり前のことなのです。

そこで考えたのは、古い民家の木組の架構を活かしながら、西欧的かつ現代的な間取りと仕

宇都宮の古民家モダン　24 畳のリビングルーム

上げを施し、新しくするというデザインです。日本の古民家に現代の息吹を吹き込むことです。

まず、建物を読み込むために、架構のルールを解析しました。百三十年前の農家ですから、基礎は石場置きです。土台はありません。外周部に壁を止める地覆材があるくらいで、足固めもしっかりした材ではなく、柱の根元をつなぐ程度でしかなかったため、既存建物はゆがんでいました。原因は礎石の沈下です。そこで、礎石下の地盤を荒らさないために、礎石は動かさず、柱との間に鉄板のフィラー材を差し込んで不陸を直しました。

むかし土間であったと思われる天井は暗くてよく見えなかったのですが、太い松の梁が五段に組まれた三間四方の大きな空間でした。大黒柱を中心に周囲を取り込めば、約二十六畳分の空間ができます。この広さは魅力です。竣工後、グランドピアノを置きましたが、少しも狭く感じませんでした。

広間の隣は仏間です。むかしの座敷の雰囲気を大切にしたい場所です。立派な板戸で仕切られていましたが、今回の設計では、モダンな丸窓に障子をはめ込んで、むかしの仏間と現代的な居間をつなぐ「むかしといまをつなぐ」窓としました。

続き間の座敷はそのままに、書院や床の間を残しました。なんとお孫さんの部屋は、数寄屋風の離れにつくることになりました。高校生にしては古風なつくりですが、勉強するには文机がよいというご要望に応えました。

玄関先は、広めのホールをロフトにつながる階段で演出しました。寝室は、まさにホテルのように全て塗り壁の大壁で、漆喰や生石灰クリームを工夫してイタリア壁風のヘッドボードをしつらえました。塗り壁で現代的な落ち着いた部屋になりました。

洋と和の融合は、外観にも表現しました。縦横の窓のリズムが生む雰囲気は、和とも洋ともつかない、おおらかな広がりを創り出すことができました。

コンセプトはこの民家を「モダン」な空間にしつらえることと、改修後の「可変性」を確保するこ

内開きドアの玄関

エキスパンションとしての玄関ホール

と考えました。石場置きの柱のゆがみを直した後で、もう一度足固めを入れ直しました。

古い部分の床下は、石場建てのままにして、新しい増築部分のベタ基礎と離して考えました。古い石場建てと新しいコンクリートのベタ基礎は、地震の時に揺れが違うと考えられることから、大きな揺れがきたときは、ここが壊れて建物を倒壊から守るエキスパンションの役目を与えました。

増築部分は、既存の架構と同じように数本の柱で内部が開放できるような骨組みになっています。これから百年後には、その時代の生活に対応した改修ができるようにと考えています。

事例四・かやぶきの家 ──「みんなで葺き替えた茅」

福島県飯野町青木村（現・福島市）に立つ百五十年前の農家です。当時でも珍しい茅葺きのまま売りに出されて、福島大学の教員一家に住み継がれました。夫は社会学の教授で、妻は自然農法の実践家です。息子さんの病気がきっかけで、自然の中で作物を作りながら暮らす道を選択され、古民家再生を望まれました。

着工は、阪神大震災直前のことでした。屋根が茅葺きであったために、茅屋根のままの改修を計画し、茅葺き職人と伝統的な仕事のできる大工職人を探すところから始まりました。茅葺き職人は、当時六十代の阿曽三郎さんが来てくれ、大工も腕の良い四十代の宍戸富雄棟梁がやって来ました。

問題は茅です。茅とは草屋根の葺き材の「総称」ですが、葦から麦わらまで様々です。青木集落の近くの茅場を探しましたが、当初はわからず、阿武隈川の河原の草を刈りました。

ボランティアで草刈りの作業を手伝ってくれる人を探し、毎年秋になると茅刈りを行い、都合四年にわたって、毎年、屋根の一面ずつを「差し茅」という方法で茅の葺き替えを行いました。後でわかったことですが、阿武隈川の河原の草は、「オウ

茅を葺き替え、水廻りを増築した

かやぶきの家　囲炉裏端　夏の間

ギ」という葭簀にするような太くて硬い草でした。その後、集落の近くにも茅場があることがわかり、良い葦を刈ることができました。

余談ですが、葦とは草の茎が空洞でストローにようになっていて、茎に水がたまらないために水切りがよいので、ヨシ（良し）と言われているようです。

逆に葦は茎の芯に海綿状の物がつまっているために、水を吸い込みやすく、すぐに腐ることから、アシ（悪し）と言われているということです。モノの「良し悪し」はここから来ているらしいです。

作業は、平日にもかかわらず、建主さんの仲間の自然農法に取り組む方たちの協力で進みました。また、旦那さんの大学の学生たちも駆けつけました。さらに、事務所で募集をかけた東京

学生ボランティア

からのボランティアの参加も加わり、筆者も家族で参加しました。

みんなで刈り取った茅は、この家を長く維持してくれると思っていましたが、二〇一一年の福島第一原発事故の後、放射能が屋根にも積もり、環境省に除染を依頼して全面を葺き替えてもらいました。二〇一五年には「かやの家ふたたび」と銘打って、久しぶりに内覧会を開催し、当時の大工や学生など懐かしい面々が集まりました。

改修したこの家の間取りは、「夏の間」の土間のある板の間と「冬の間」のこたつの座敷に分けられています。温熱への対応は、部屋を住み分けることで工夫しました。大きな家だからできることです。今後も末永く住み継いでほしい、茅葺きの古民家です。

事例五・田舎暮らしを楽しむ家 ――「繭小屋を住まいに再生」

「古材を買ってあるんですが」と若いご夫婦が事務所に訪ねて来られました。海外で暮らしたことがある二人は、「住むのだったら日本の古民家がいい」と決めていました。東京の職場をやめて田舎暮らしがしたいともおっしゃっていました。小さな子ども連れで気さくなご夫婦と、すでに買ってしまった古材を使って家を建てるべく、敷地探しから始まりました。

選んだ場所は、長野県上田市青木村。「アイリスの郷」近くの小高い斜面地です。展望抜群の土地が手に入ったのです。古材は上田市内にあった繭蔵（まゆ）の骨組みです。早速、解体中の蔵と敷地を見に出かけました。

　上田まで向かう車中、ご夫婦との会話が弾み、ご家族の暮らしぶりを知れば知るほど、古民家再生とはいえ、洋風の外観の建物がいいだろうと考えました。

　繭蔵は大きくて、架構材をすべて使うには、敷地が少し狭いことがわかりました。一部の古材は下屋に水廻りの骨組みとして使い、玄関土間で区切って、上屋と下屋の使い分けを行いました。

　展望の良い場所なので、窓の大きな家を作ろうと考えました。そこで断熱性能の良い木製建具を採用し、さらに薪ストーブを据えて、冬でも温かい、大きな吹き抜けのあるワンルームの開放的な家が実現しました。

洋風の外観

繭蔵の古材を使った居間

事例六・あきる野の家――「杣人の家をアトリエに再生」

東京にも山があります。奥多摩から武蔵野丘陵まで、東京の木が育つ山があります。依頼主は美術大学の彫刻の教授。広いアトリエを求めて武蔵五日市の山の中に分け入り、古民家を買い、筆者の事務所に来ました。しかしそれは杣人（そまびと）の小屋だったので、最初はその家を再生することは考えませんでした。近所で古民家が売りに出るたびに、敷地に入る大きさかどうか、建物の状態は良いのか悪いのかを確かめに同行しました。

何軒かの古民家を見に行っている間に、元の杣人の小屋もなかなか雰囲気がいいじゃないかという話になり、古い骨組みを活かして増築しながら広いアトリエを作ろうということになりました。それからが大変。いくつか提案したものの、なかなか決まらず合計二十二案くらい書いたところで、最初から三番目くらいの案に戻って、ようやく実施となりました。

苦労したのは案の多さもさることながら、周辺の山も買ったので、「裏山の木で家を作りたい」という話になったことです。まさに「近くの山の木で家をつくる」という運動そのものの実践になりました。その当時、近山運動は、「東京の木で家をつくる」活動に東京都が乗り出し、筆者はその会のお手伝いをしていたのです。

六十本ほどの山の木を伐り、乾燥させました。杉の木は水分が多いので一年は乾かさなくてはならないのです。完成まで、設計案に一年、実施図面に一年、伐り出しと乾燥に一年、工事

緑に埋もれるアトリエ

裏山で伐り出した檜の柱で作ったアトリエ

に二年で足かけ六年かかったことになります。

古民家の骨組みに一間分の増築をして住宅とし、伐った木の中に一本だけ檜があったので、その木を住宅とアトリエの大黒柱として使いました。ただし、丸太を製材してくれる製材所を探すのに大変苦労しました。その折に賃挽きを依頼した製材所との交渉の経験が、後に山とのつながりを強固なものにしました。山の木を伐り出して製材し、家になるまでのお金の流れをつぶさに見ることができたからです。

離れには、アトリエと子ども部屋をつくりました。中庭にはもともと、大きなコブシの樹が生えていたので、春

一間グリッドの古い架構

には白い花が咲き、素晴らしい景色を見ることができました。

古い杣人の小屋は、元は茅葺きだったと思われ、細い丸太や柱が一間グリッドで並んでいました。非常によく整理された架構であったので、架構のルールを継承し、新築部分のアトリエにも同じ一間グリッドを用いて、架構と間取りを計画しました。

屋根勾配は、近隣の民家に合わせました。屋根は本来、地域の気候風土に影響されることが多く、地域性の違いは屋根に表れるからです。おかげで、すっかりその場の風景に溶け込むことができました。

ここで面白い経験をしました。アトリエの梁が二本足りなくなって福島から取り寄せたところ、裏山で伐った木より乾燥が良く、この梁は狂わないだろうと思っていました。ところが、一年後には割れてヒビが入ってしまったのです。東京の気候が福島よりよほど乾燥していたのでしょうか。裏山で伐った木は含水率が高かったにもかかわらず、その場の気候にかなっていたので狂いませんでした。近くの山の木を使うとはこういうことなのかと納得しました。

事例七・やなぎや薬局――「豪雪地帯のワンルーム」

筆者のふるさとは、福井県と岐阜県の県境にある越前大野という豪雪地帯の城下町です。昭和三十八年の豪雪では二階の窓下に長靴を置いて、そこから外に出入りした覚えがあります。

改修後のやなぎや薬局外観

また明治三十年代に二度の大火があり、町中の町家は、どの建物も同じ年代で、百年以上の歴史がありました。

やなぎや薬局も明治三十二年の大火の後に建てられました。火事の後、急いで復興した建物ということで「焼け普請」と呼ばれていました。間口五間、奥行き五間の正方形の総二階に庇がついています。建主は高校時代の後輩で、店舗を広げることを機会に古い建物の再生をしたいといいます。ビル化の進む町中で古民家再生とは、よく思い立ったと感心しました。

建物は銀座通りと七間通りという目抜き通りの真ん中です。近隣商業地帯で準防火地区でしたが、外壁に板を張りました。地元では建築基準法違反ではないかと騒動になりましたが、モルタル二十ミリの下地の上から板を張るという、当時はまだ認定されていなかった準耐火仕様で防火規定の先取りをしていました。

建物の実測を始めると、興味深い発見がありました。まず、店の正面は柱間が一間間隔で、妻側は三尺間の柱が母屋まで延びています。驚いたことに、胴差しはありません。二階はロフトのように低く、床をかけるための根太掛けしかなく、すべての柱は屋根まで延びていました。

よく見ると、中心の柱「中柱（なかんばしら）」が屋根の敷梁に刺さっていて、五間四方の空間に一本しかありません。屋根は、敷梁から伸びた登り梁が一間おきの柱につながっています。まるで、鉄骨の構造を見ているようです。

伊藤ていじ氏の言う、「民家はコンク

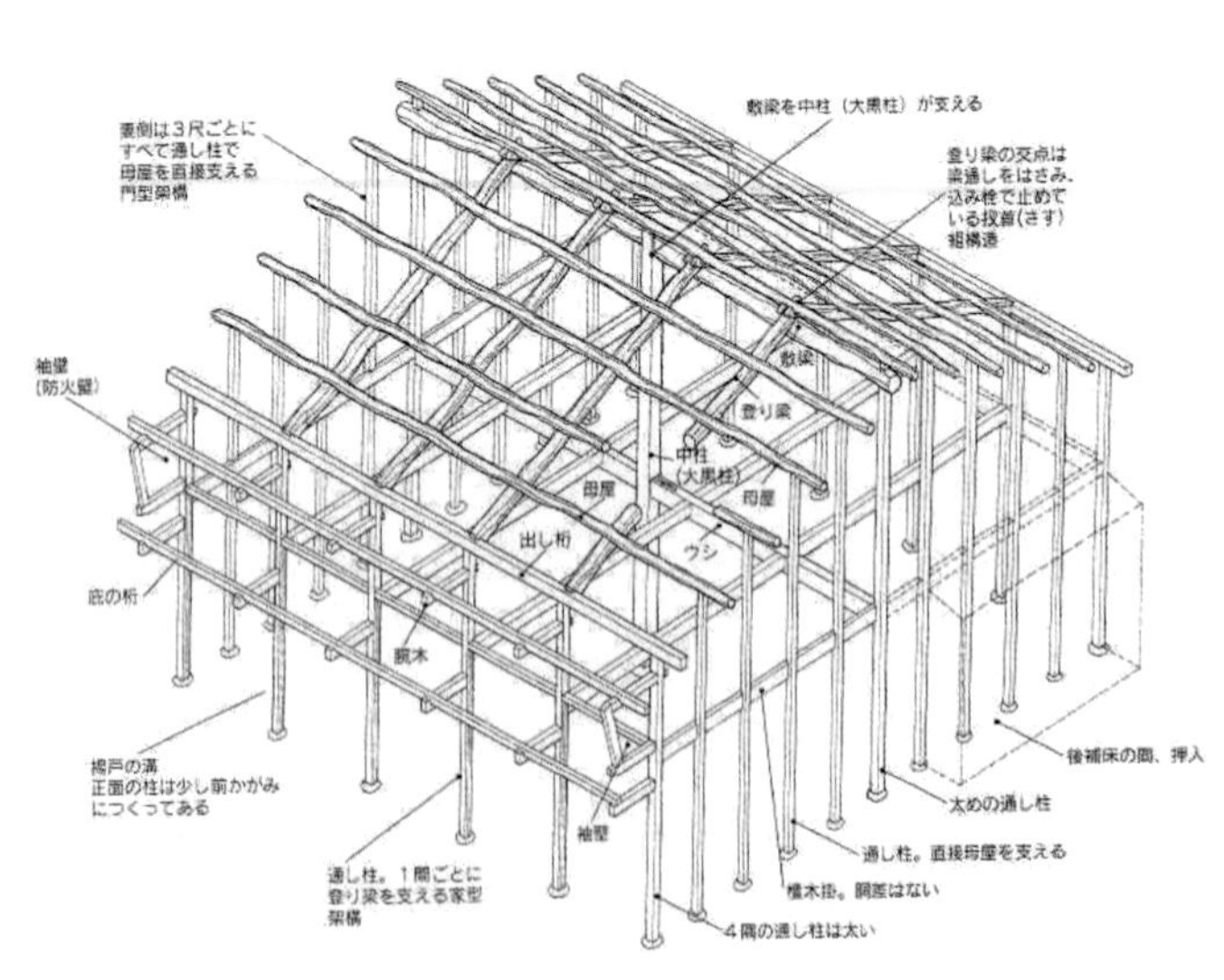

軸組図

リートや鉄骨の架構につながる」とは、まさにこのことです。

驚くのは、「中柱」という一本の大黒柱しかない古民家が三メートル豪雪地帯で百年以上生きていたことです。外周の柱と中柱のみの空間は、ワンルームです。壁量を必要とする、今の建築基準法では認められない軸組構造です。

このような古民家の改修にあたっては、耐震壁を合板の面材でつくると硬い壁となるので、通常、引き抜き対策にはホールダウン金物が必要となります。しかし、筆者はかねてより、柱の繊維方向に割裂のおきそうなホールダウン金物の取付には疑問があり、足固めという横材で柱を引きつける方法をとっています。

解体中の架構

アンカーボルトは使いますが、繊維に直交する「めり込み」に効かせることで、母材である木材を傷めないようにしています。

既存の梁は成（せい）が七寸しかないので、床のたわみに対しては、梁の両側に新しい梁を抱かせました。既存梁を傷めることなく、鞍金物で対処しました。

鉄骨に載った増築部と古民家の木造とは揺れが違うので、つなぎ部分は、エキスパンションと考え、壊れてもいいように、既存建物との縁を切りました。

既存の二階の部屋の柱は、積雪時の荷重を避ける意味で屋根と直接にはつながず、書割のセットのようにつくってあります。個室の床はひとつづきにして、柱の下に地覆（じふく）材を履かせて、いつでも柱と壁を外せるようになっています。子どもたちが独立したときの生活の変化に対応するためです。本来住まいは、生活の変化を受け入れながら、長い寿命を持つべきだと考えるからです。

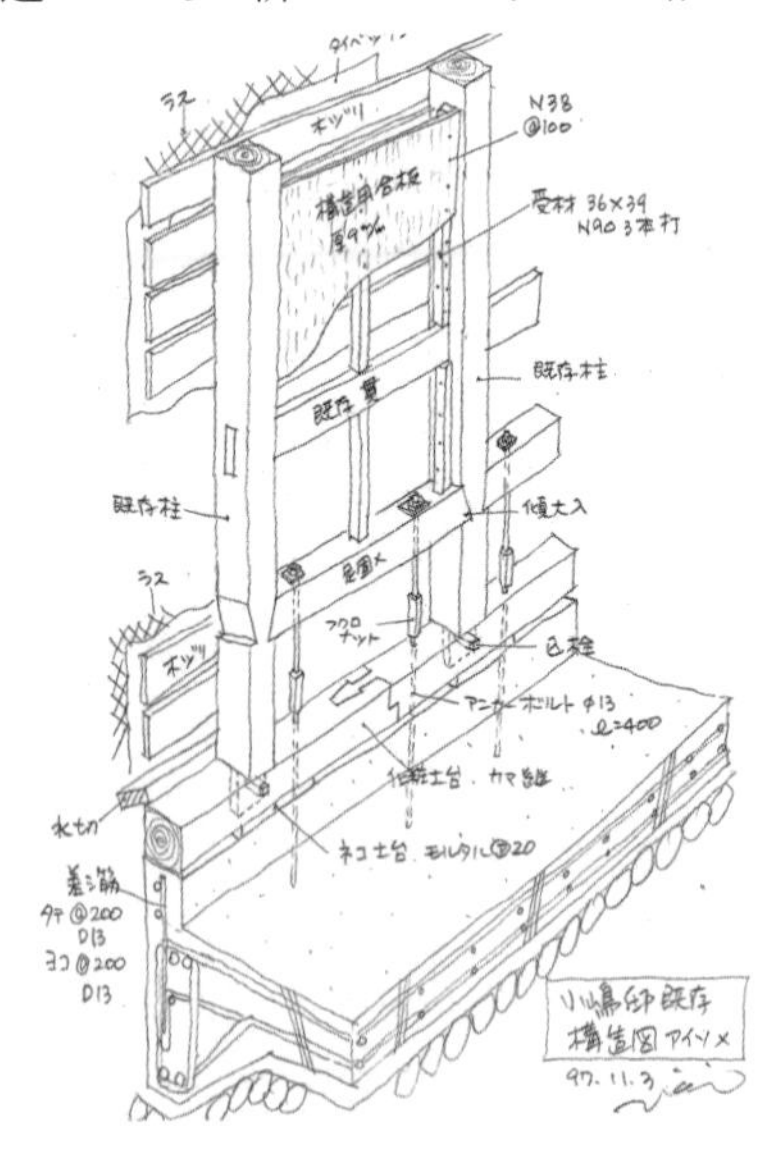

ホールダウン足固め

事例八・まちつくり施設

「住民参加で再生した造り酒屋＋銀行」

古民家再生による公共施設の事例です。

熊本八代市宮原町は、二〇〇五年に市町村合併前によって氷川町になりましたが、かつての宮原町は住民参加でまちづくりを実践する全国でも珍しい町でした。人口は約二千人ですが、市の職員が住民たちとワークショップを重ねて、延べ六千人の参加者で町の総合計画をつくってしまったことで全国の自治体から注目されていました。

ワークショップの際に、薩摩街道沿いの元造り酒屋「旧・井芹(いせり)家」の利活用が話し合われ、まちづくりの核施設「まちつくり酒屋」としての改修が計画されました。筆者が出向いた頃は、すでに利活用の方向性が決まっていて、再生設計もワークショップで実施することになっていました。

薩摩街道　まちつくり銀行・酒屋

ところで、参加者の意見がデザインを決めていくプロセスはダイナミックで楽しいですし、予定調和のない話し合いは、設計者にとって様々な意見に対応する能力が求められますが、やりがいがあります。

ここではどんな話し合いの結果になっても、実現可能なアイディアを持って臨まなくてはいけません。設計者は作品を作る建築家ではなくて、住民の意見と要望を実現するために、合意形成に至るまで案を提示する「コミュニティ・アーキテクト」としての資質を兼ね備えていなければならないのです。

この改修では、公共施設としての機能を古民家の普遍性に適合させることが要求され、いつでも公開していて、誰もが使える施設であることが望まれました。隣のコンクリートの建物は旧・井芹銀行の前身ですが、改修後はまちづくり推進室が入って執務

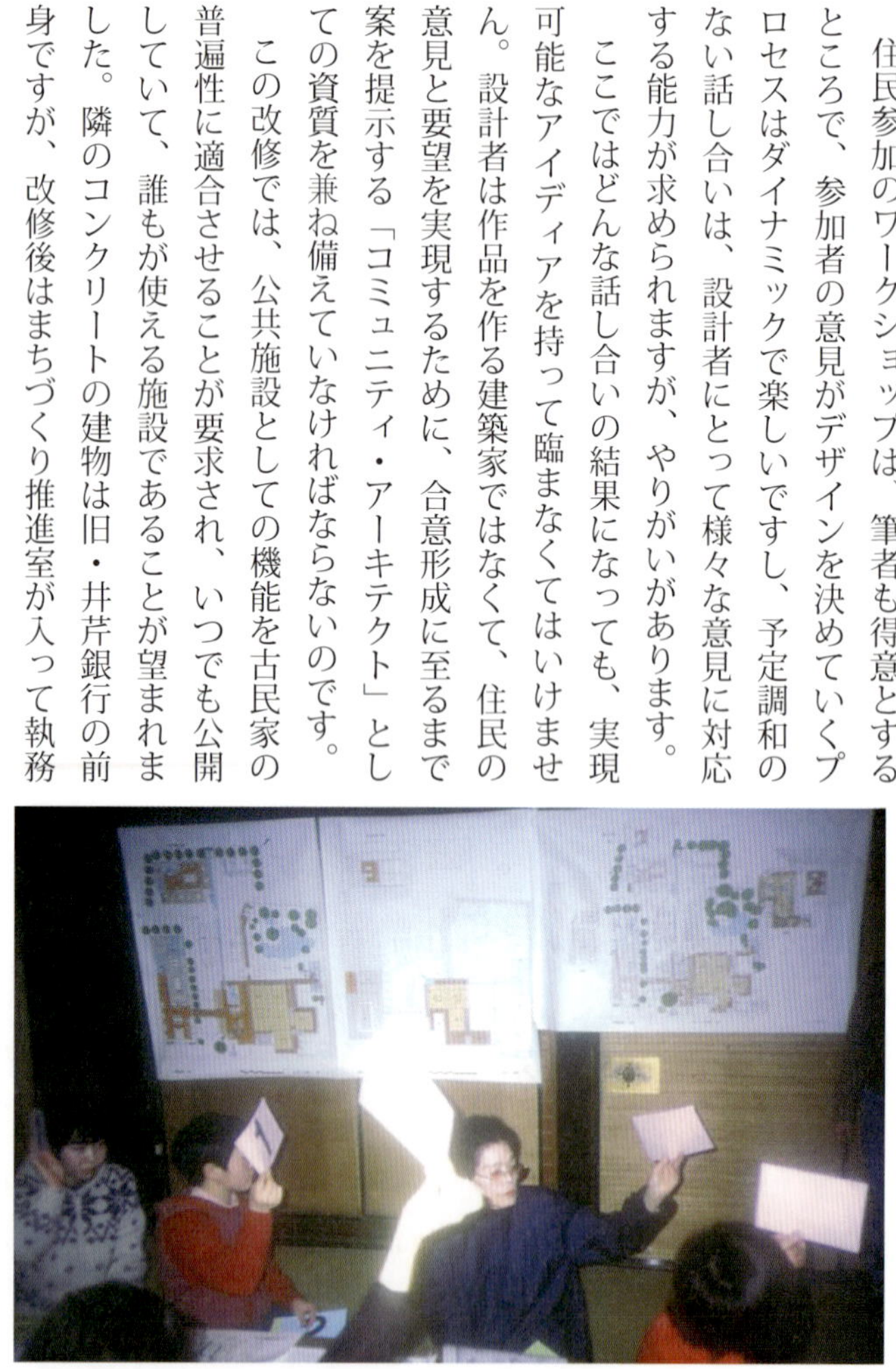

住民参加のワークショップ

竈(へっつい)のような台所

していました。現在は地元出身の野球選手の記念館となっています。

一番の難問は、家の中で火を使うことでした。木造二階建ての一階に台所が必要となったのですが、梁も木が表しです。防火材を張ることはたやすいのですが、古民家の風情が台無しになってしまいます。

そこで考えたのが、防火構造による土壁の部屋をつくることです。いわゆる竈(へっつい)を、人が入ることができる大きさにスケールを上げて火気使用室である台所としました。壁・天井を防火材で塗り込んだのです。このアイディアは、当時の行政にも受け入れられて実現しました。

現在は民間の喫茶店が入って営業していますが、訪ねたところ吹き抜けが寒いと言われてしまいました。九州の熊本とはいえ、冬は雪が降ります。ここでも古民家の温熱向上が必要とされていることを痛感させられたのです。

事例九・南房総の家 ――「耐震エコリフォーム」

この事例は、耐震と省エネの両方の改修を目指した再生工事です。建主は当初、この家を昭和の初めの家だと聞いて購入を決めました。しかし、棟木の墨書きには明治四十年とありました。古い家を売りつけられて嘆く建主に、明治時代のほうが材料も仕事も優れていると話すと、「明治の建物だ」と胸を張るようになりました。

建物は、山を背後に背負っていたために湿気が高く、開放的な床下にもかかわらず結露が発生し、金属のボルト廻りの柱や足固めが腐っていました。

伝統的な建物は、床下が大きく空いていて、風通しが良いことが結露には安全だと思われがちですが、冷えた床下に暖かい空気が入ることで起こる夏結露には、注意が必要です。

筆者が理事を務める「住宅医」のメンバーを募って、調査をしたところ、温熱の計測の結果、調湿機能のある土壁は活かすほうが良いことがわかりました。そこで断熱材は入れて、土壁は残すことにしました。

この提案を建主に行ったのですが、予算の関係で充分な断熱工事ができませんでし

改修後の南房総の家

た。このときの温熱計算は、県立岐阜森林アカデミーの辻充孝先生の計算ソフトを使わせていただき、次世代エネルギー基準を目指し、熱損失係数Q値は、二・三九W㎡Kで次世代省エネルギー基準を上回る数値を得ました。計算上は実現可能でしたが、予算の壁に阻まれ、充分な断熱材を挿入できず、冬の寒さを凌ぐために薪ストーブを買うこととなりました。またしても温熱性能の向上が中途半端になってしまったのです。

耐震改修は、限界耐力計算の結果、耐力要素を加えるとしても土壁相当で良いという回答でした。敷地が房総半島の山の中で、一種地盤だったことが幸いしました。そこで、既存の土壁を残しながら耐震壁を加えました。

床下の傷みが激しかった既存の松材の足固めは、すべて檜に取り替え、奄美のヒキモンづくりに学んだクザビを使い、結露していた金属のボルトは木栓に変えて腐らないようにしました。

天井の低い納戸を開放的な浴室に改修して大変喜ばれました。この家は、今回の改修でさらに百年の命を与えられたと思います。

新規足固めを木の栓で留める　　床下の結露　ボルト穴が腐る

室内開口部　両側と奥に抜けない柱がある　上方開放の欄間は残した

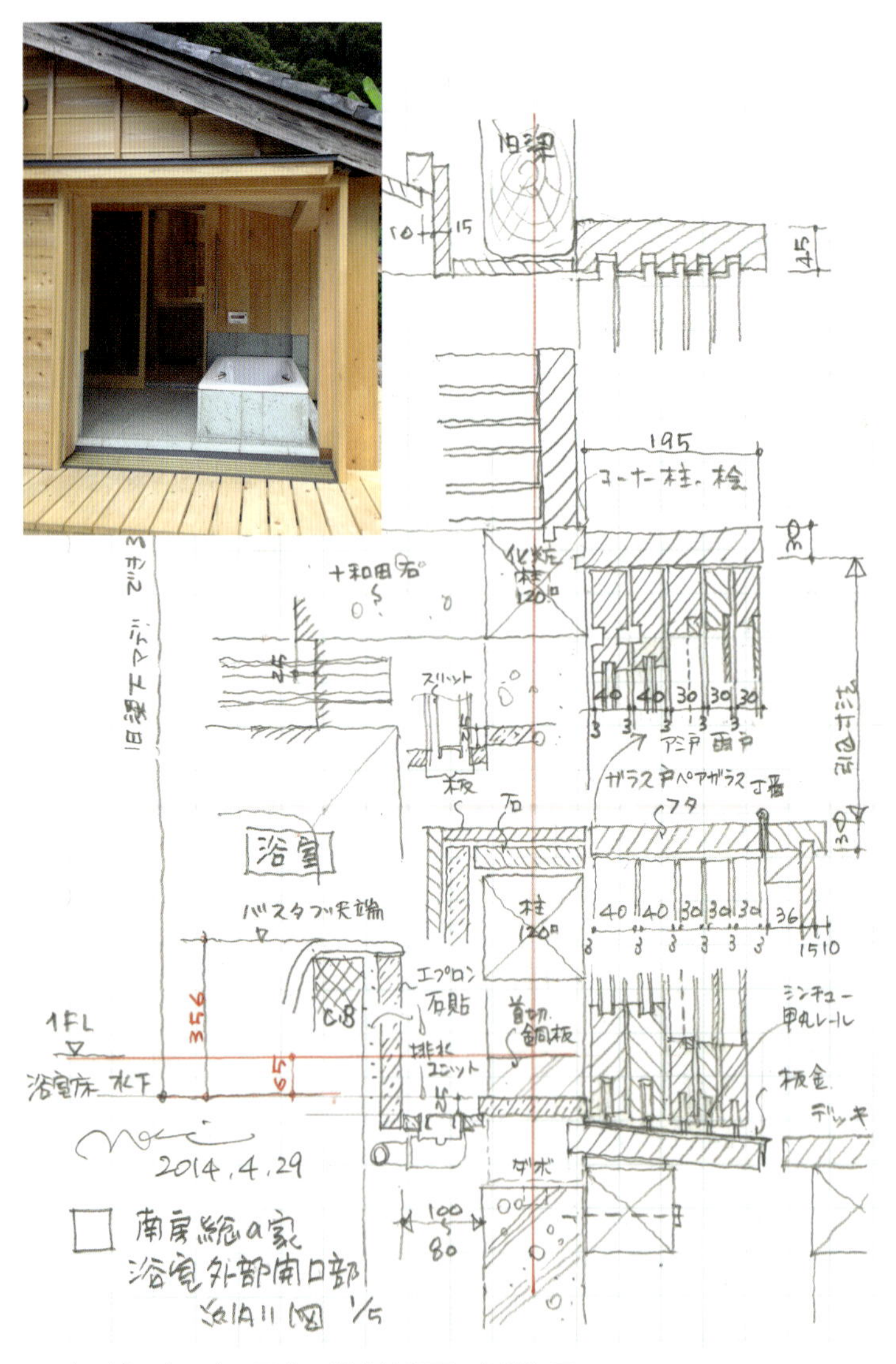

南房総の家　全面開放の浴室外部開口部詳細図

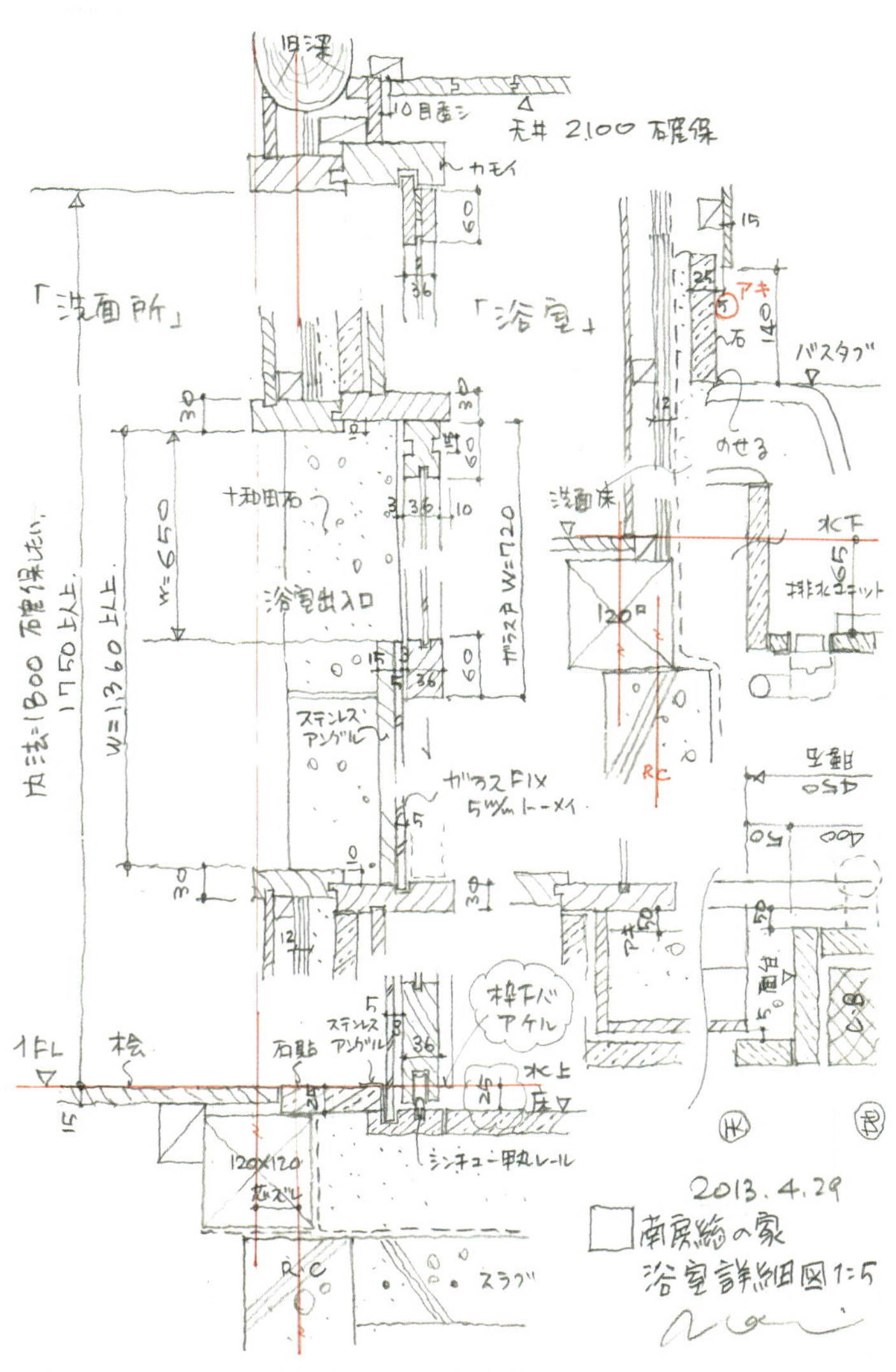

南房総の家　浴室出入り口ガラスの一枚壁詳細図

宿泊棟　煙出の吹き抜けにつくった階段室

事例十・おもてなしの古民家 ―「集落を再生・再現する」

出雲は神話の国です。「因幡（いなば）の白うさぎ」の伝説の残る集落が出雲大社の裏にあります。江戸時代には北前船の潮待ち港と言われた波の静かな良港です。

その港の奥にある、江戸時代からの古民家が残る集落がこの再生事例です。集落には約二百軒の家が建っています。そのうちの半分が空き家で、半分には高齢者が住んでいるという作州の赤瓦の屋並みが美しい集落です。

ここに宿泊とレストランを備えた、リゾート施設をつくるという計画が持ち上がり、事務所に連絡が入りました。ウェブサイトからの依頼です。早速、現地調査と実測を行いました。

海に面した集落は、そこだけ時間が止まったように静かです。古い家々が細い路地に沿うように建っています。斜面地で階段も所々あり、車は入れません。段々状の石積みの擁壁が美しく、山あり、海ありの眺めの良いところです。

頂上近くの古民家をレストランに、周辺の保存の良い建物は宿泊施設にするとの構想です。

煙出の吹き抜けを利用した階段室スケッチ

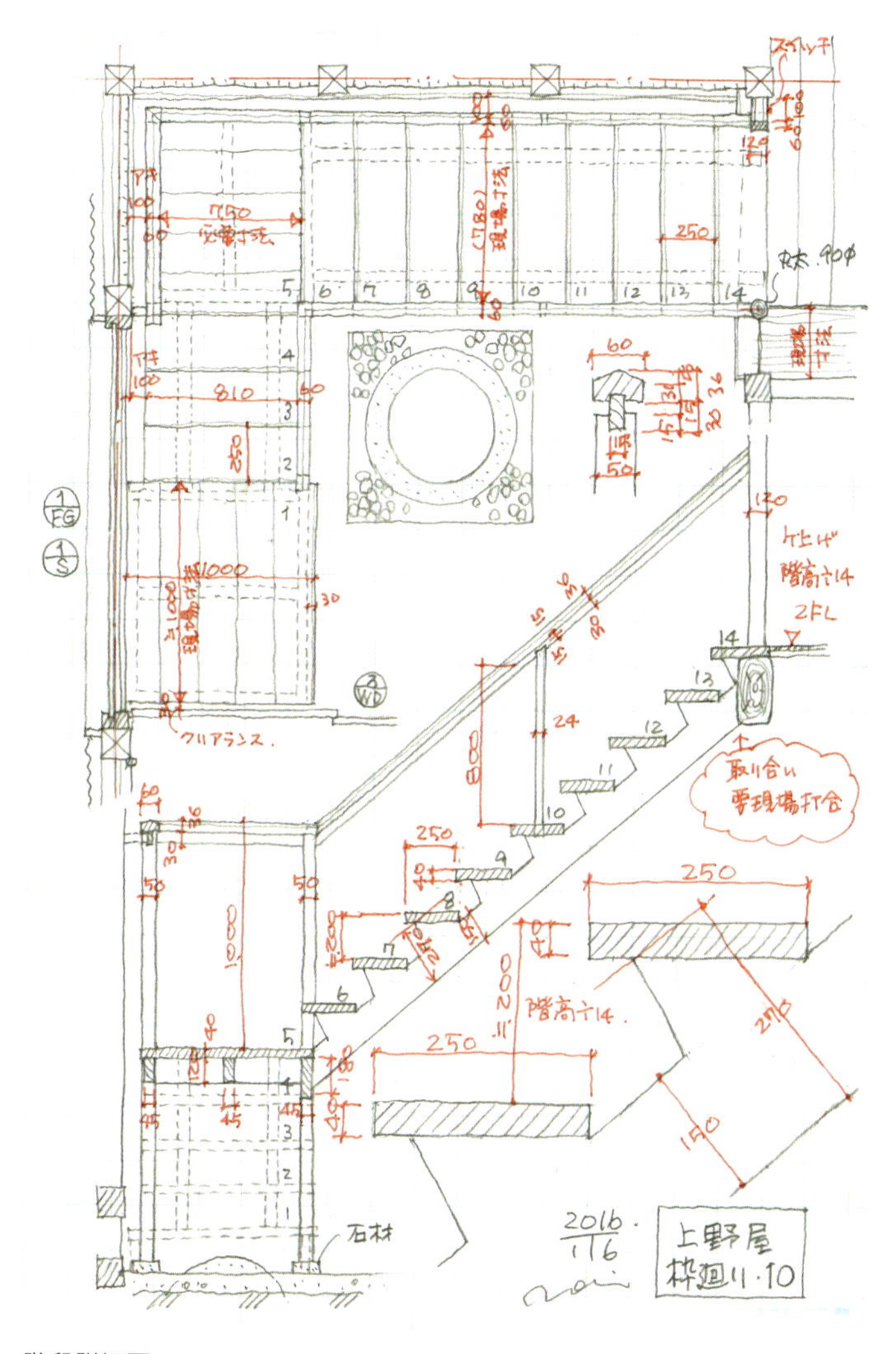

階段詳細図

レストラン棟　架構を再現した建物　内部は吹き抜けを設けた

一般公開はしません。実測を始めると、レストラン棟に再生しようとした古民家は、大事な梁が切られていて危険なことがわかったので、元の古民家と同じ外観と構造で再現することになりました。原風景を継承するということです。

この方針は、地元の人からも歓迎されました。建設前、地元のご老人たちは、都会の設計者が来てとんでもないものが建つのではないかと、内心危惧していたらしいのです。

また、オーナーも「地元の人には、迷惑をかけないでほしい」ということが希望だったので、風景を壊さずに再生と再現をしました。

改修した建物は、宿泊のために座敷の続き部屋を区切って個室を設けたり、断熱性能を上げるために外壁や野地板を張り直したり、内壁を塗り直したりしました。集落に残るどの古民家も、木材の使い方は伝統的で、二階の天井を外すと立派な梁組が出てきました。昔の民家は、どの家も架構が立派だったことがよくわかりました。

各部屋の浴室が足りなくなって、新しく「湯屋」をつくることになりましたが、その建物もむかしからあったように、なまこ壁に板張りの土蔵のような外観としました。

屋根は赤瓦の赤、外壁は焼き杉板張りの黒、壁は漆喰の白です。湯屋は、新築でありながら、この集落の原風景に沿った景観計画としました。耐震設計は、山中信悟氏による限界耐力計算によって、すべての建物を石場建てのまま補強しました。

この事例では、古い集落の原風景を壊すことなく、古民家の再生と再現を行い、心地良い施設群が完成しました。オーナー企業のみなさんにも喜ばれたばかりか、地元のご老人たちにも受け入れられたことは嬉しい限りです。

限界集落と呼ばれる地域は全国に点在していますが、そこに豊かな自然があり、丈夫な古民家が残っていれば、もう一度再生して、資源としてまだまだ活かせる道はあると確信するプロジェクトとなりました。

事例十一・古民家ホテル＋レストラン ―「鎌倉古今」

民泊という制度が始まって、ますます古民家の利活用が増えてきています。これまで見向きもされなかった古い建物を改修し、事業化し、運営するという事例が各地で広がっています。最近では投資家も現れて、古民家は資産を生む宝物のようです。

「鎌倉古今」はその一例です。全国のホテルで支配人を歴任した人物が、鎌倉の古民家に行き着くのも当然の帰結であったろうと思います。

きっかけは、当事務所が主催する古民家再生ゼミの卒業生が、先の支配人とともに始めた古民家ステイ・ビジネスです。筆者もこれまで古民家再生を多く手掛けてきましたが、ホテルとレストランを併設する本格的な古民家ステイは初めてです

建物は鎌倉の奥座敷、二階堂の山懐に包まれた広い庭を持つ古民家です。建設は江戸時代末期の安政二年の農家。その両側を大正時代と昭和の初めの蔵と数寄屋の建物が挟むように増築されています。

農家をレストラン棟に、両側の蔵と数寄屋を宿泊棟にするという再生計画を進めました。

来客者を心地よく迎えるという建物の性格から、改

修の課題は、耐震性能はもちろん温熱性能の向上を図ることを目指しましたが、事業化を念頭に費用の回収を考えれば、客単価の取れる高級なホテルにしなければなりません。まずは二〇一九年の一月七日のオープンにむかって工事に入りました。

鎌倉古今全景

時間がないので工事と同時進行で、施工図を書き、承認していただきながら、予算を増やしてもらうことで満足のゆく仕上げにこだわりました。

最終的には、心地よい空間になりました。ホテルの場合、アメニティの出来が快適性の要件なので、特に浴室には心を砕きました。二十四時間入れるお風呂の壁は檜、床は伊豆石をふんだんに使った内装ですが、どう見ても元納屋の奥隅を改修したとは思えない、良い出来栄えとなったと自負しています。

現在も客足は落ちず、宿泊客の評判も良いようで、いつ伺っても盛況を呈しています。なお、旅行ライターの山口由美さん（元・箱根富士屋旅館の子息）が雑誌に、「新しい宿の形」という取材記事も書いてくださいました（『住む。』（農文協）二〇一九年・夏・第七十号に掲載）。

24時間入浴可能な風呂

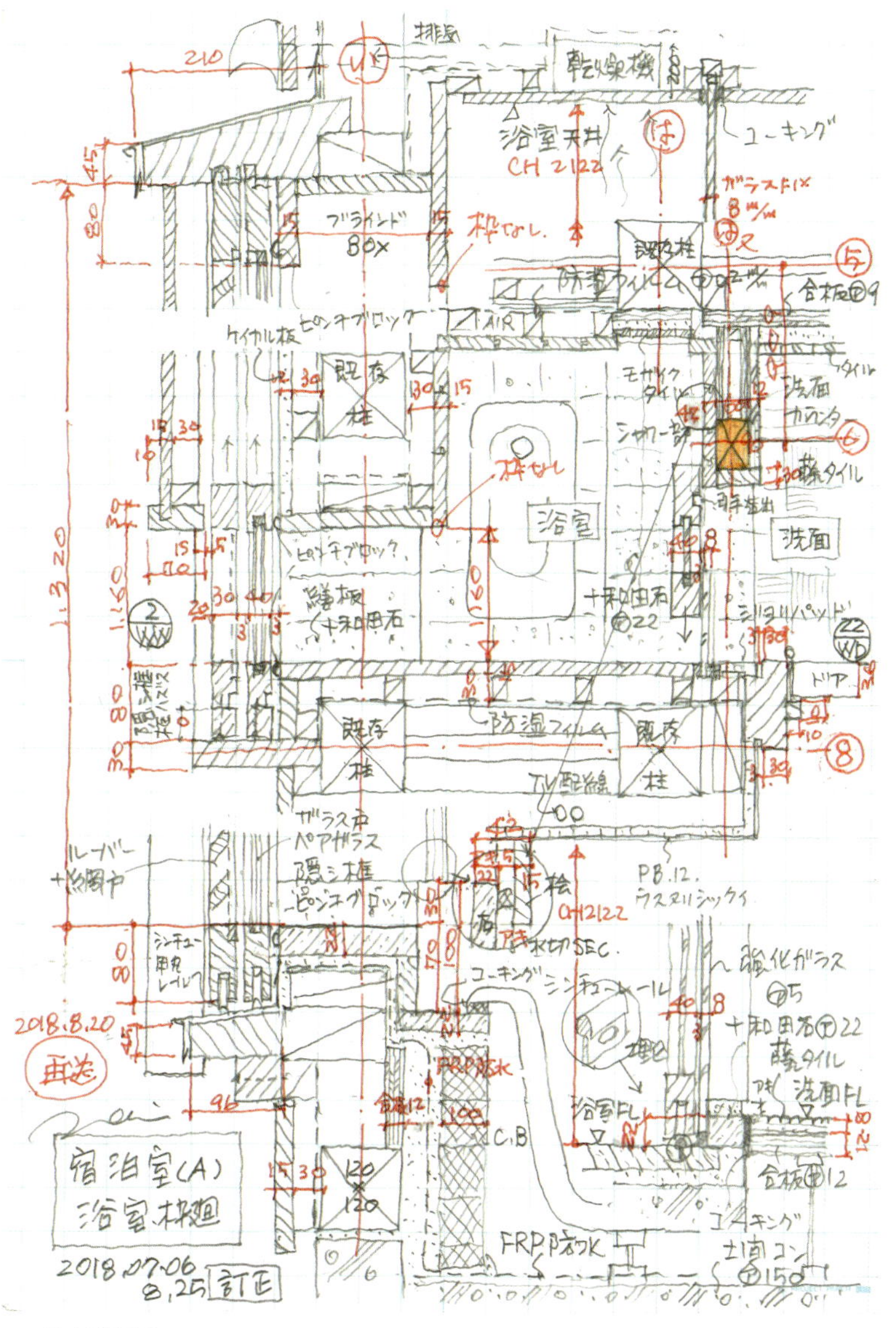
乾燥機
浴室天井
CH 2122
コーキング
ブラインド
80x
枠なし
既存柱
防湿フィルム
AIR
モザイクタイル
洗面
カウンター
浴室
洗面
十和田石⑦22
ドア
既存柱
TV配線
防湿フィルム
ガラス巾
ペアガラス
隠し框
ルーバー
PB.12
CH2122
強化ガラス
⑦5
十和田石⑦22
浴室FL
洗面FL
合板⑦12
FRP防水
C.B
土間コン
⑦150
2018.8.20
再送
宿泊室(A)
浴室枠廻
2018.07.06
8.25 訂正

浴室詳細図

大正時代の蔵を利用した宿泊室

事例十二・八王子の古民家再生

「高ハッポウのある家」

相談にいらしたのは、東京・八王子の自宅を含めて周辺に土地を所有されているオーナーご夫妻。明治時代に建てた旧宅の農家を終の棲家にしたいというご要望です。

すでに二年かけて改修案を描いてもらっていたのですが、気に入らなくて、当事務所を訪れたといいます。見せていただいた改修案は、某大手林業会社の案でしたが、古民家改修とは思えない、建売住宅のような外観でした。なるほどこれでは駄目だと思ったのもうなずけます。

筆者のことはいろいろなメディアで知っていたようですが、依頼に躊躇した

改修前の八王子の古民家外観

八王子の古民家再生　高ハッポウの明かり取り

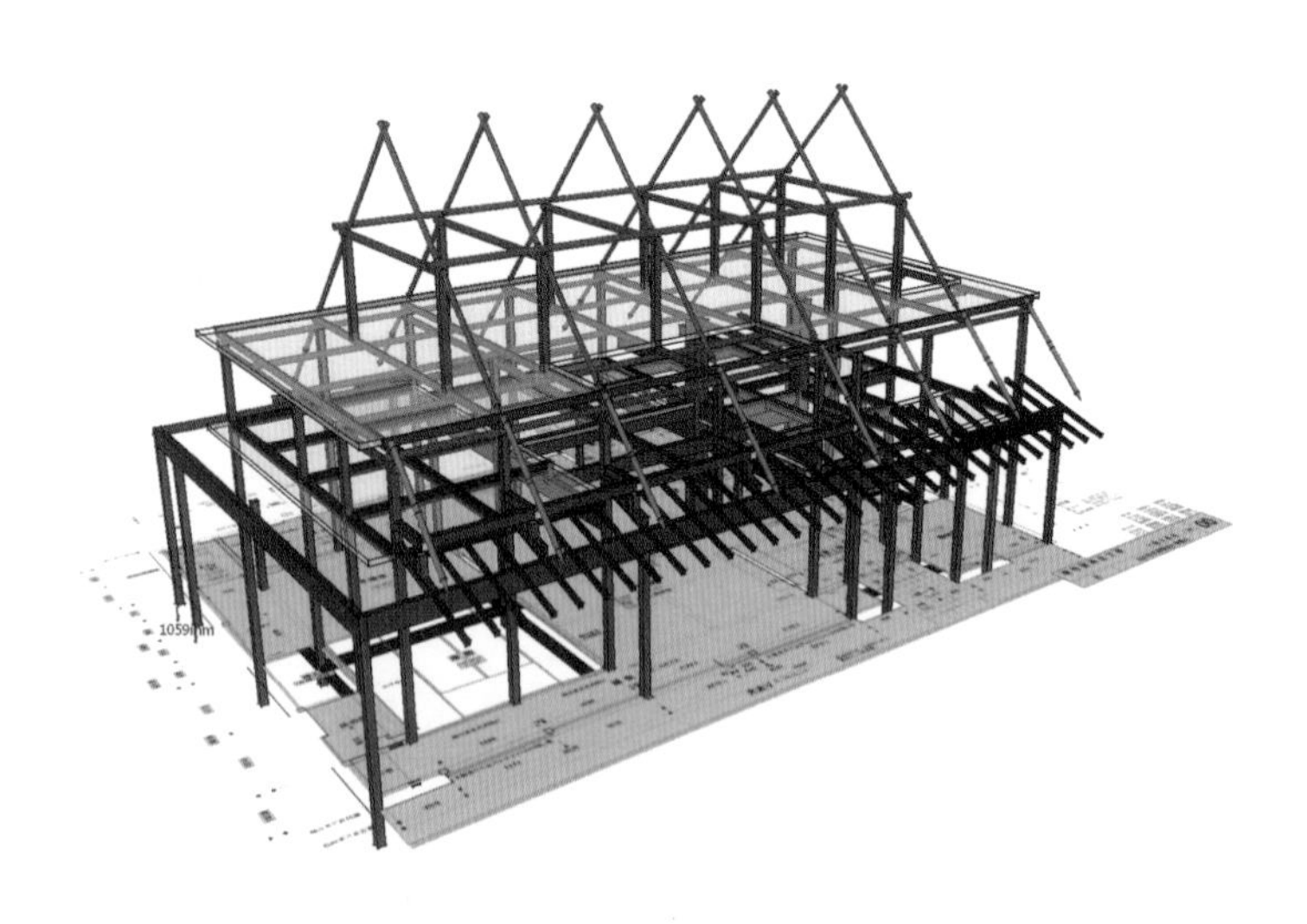

3D 架構検討

のは、他の物件で有名建築家に依頼して失敗した経験があるからということでした。建築家の作品にされてしまったというトラウマから、設計者は信用できないと思ったのです。残念ながらよく耳にする話でもあります。

まずは、当事務所は作品性に固執しないことをご説明して現地に赴きました。驚いたことに、打ち合わせに伺った新宅は、ご自身の直営工事でつくったという立派な木組の家でした。材木はご自身で買い、職人は知り合いの大工を頼み、設計は自分でされたといいます。これは気が抜けないなと思いました。

丘の上のある古民家は周りが木々に覆われていて周囲の住宅街とは隔絶しています。隣に土蔵もありますが、間に立っている昭和の増築部分がせっかくの古い建物の雰囲気を邪

扠首構造を残した小屋裏

魔しています。まずはこの増築部分は解体しようと考えました。茅葺きにトタンをかけた入り母屋風の屋根もいかめしいのでやめました。室内を見ると、柱や梁は太い欅をふんだんに使っている、かなり立派な架構です。中二階のロフトには蚕棚がホコリをかぶっていました。養蚕農家であったことがうかがえます。屋根にはまだ茅が残っていて、取り除きたいというのがご希望でした。扠首（さす）構造の小屋組みは美しく、これは使わなくてはと考えました。

　通常、古民家が嫌われる理由は、「暗く」て「寒い」ことにあります。この家も建主さんの心配は同じでした。そこで、まず室内を明るくするために光を入れることを考えました。

　一階の奥まで光を入れるには、低い中二階の天井を取り払い、三階のロフトを通過して屋根から取り込むのが良いだろうと考えました。それには建物の断面構造を理解しなければなりません。実測した架構の図面を見ると、中二階の天井も取り払えば屋根から入る日射しが一階まで届きます。ただし南面にトップライトをつけると、夏の日射しが直接入り、暑い日射しから逃げることができません。そこで太陽光を真上から取り込むのではなく、冬の日射（にっしゃ）取得に向けて真横に開口部を設けることが良いと考えました。

　これは、「高ハッポウ」という茅葺きの屋根の明かり窓と同じです。山形県鶴岡市の山奥の集落、田麦俣にある「兜（かぶと）造り」の屋根形態です。田麦俣は月山の麓の豪雪地帯で、江戸時代には養蚕と信仰で賑わったという実に美しい茅屋根の集落です（三十ページ参照）。

高ハッポウの吹き抜け

田麦俣の兜造り（旧遠藤家住宅・昭和 52 年撮影）

余談になりますが、筆者はまだ建築を志す前の学生時代に、この集落を訪れています。工業デザインの大学四年生の時、家具を造っている天童木工の工場見学旅行の帰り道、仙台側から月山越えで田麦俣に降りました。

当時は、バス停の脇のよろず屋のおばさんが何軒かの空き家の鍵を持っていて、「兜造りを見に来た」と声をかけると、見知らぬ学生にも鍵を渡してくれて「どれでも見てきな」と言ってくれました。良い時代でした。

空き家の暗い室内を抜けた薄明かりの入る高ハッポウの二階の部屋は、養蚕をやめた後に子ども部屋になっていたらしく、往年の歌手のブロマイドが壁いっぱいに貼ってありました。たぶん女の子の部屋だったのでしょう。この家を出て、ついに戻らなかったのかと思うと涙が出ました。

そんな感傷とともに八王子の古民家の明かり取りはできました。小屋裏には杉板を張って部屋にもしました。この窓のおかげで、一階の奥まで光が入る明るい家が完成です。断熱改修も入念に行いました。屋根には百五十ミリのグラスウール、壁は六十三ミリのフェノバボード、床下のペリメーター部分には五十ミリのスタイロフォーム。薪ストーブに加えて、床下エアコンも採用しました。これで温熱計算ではＧ１レベルを獲得しています。この家は、無暖房でも最低室温は十度を下回らないことが計算でわかっています。ここまでで四年を要しましたが、建主さんにもご満足いただき、娘さんやお孫さんがよく遊びに来るようになったそうです。

事例十二・本陣薬局 ―「エアコン一台で暖める六十五坪の平屋」

滋賀県長浜市木之本という北国街道の宿場町があります。その街道筋で最も古いのが「漢方の本陣」と呼ばれる古民家です。棟札から江戸時代の延享元年（一七四四年）築の間口六間半、奥行き十間の平屋の町家です。

北国街道筋で道に面しているために、参勤交代の大名の宿泊する本陣として使われてきました。街道の歴史的町並みを大切に、建物の正面外観は昔のままとし、一階の街道側は展示室として公開しました。展示室には、参勤交代の折に大名が持ち込んだウミガメの剥製があったり、昔からの薬の看板が多数かかっていたりします。明治になって薬剤師の資格を一番に取った家柄です。

大きな建物ですが、主な用途は住宅として再生し、耐震改修と温熱向上の両方に力を入れました。

まずグランドピアノを入れるため音響が良くなるように一階座敷の天井を取り払い、屋根までの開放的な吹き抜けの居間をつくりました。しかしながら、住居部分は平屋で六十五坪あり、気積も大きいのです。この広さの家の温熱改修はどうしたら良いのかと悩んでいるときに、省エネ住宅の普及に取り組むパッシブ・ハウス・ジャパン滋賀支部の夏見諭氏と知り合い、協力をお願いしたところ快く引き受けていただけました。

北国街道に面した本陣　外観保存

座敷の天井を抜いた吹き抜け

耐震改修は、設計仲間の川端眞氏の限界耐力計算に基づき、板壁で耐力要素を加えました。最大で十六センチあった傾きを直したあとで足固めと板壁を施工しました。板壁は、完成後は姿は見えなくなりますが、大切な耐震構造です。この家の改修は、昭和五十六年の豪雪のときに建物が傾いたために挿入された耐震改修の鉄骨を外すことが厄介でした。

実測後に設計を終えて、工事に入り、歪み直しから完成まで、足かけ六年を要しました。改修にあたり、二百七十五年という長い年月に耐えきれずに潰れた柱の根元も継ぎ木をしました。途中何度も改修した痕跡がありましたが、歪みを直すために床下の足固めが抜かれて、最も大切な構造部材をなくしてしまっていたことが、ますます歪みを助長したと思

2階からの明かり取り

われます。傾いたままで、改修を重ねてあったので、どうしても建物が起きずに、断腸の思いで貫を切った箇所もあります。新たな貫を追加しましたが、伝統が失われるのは、こうした改修の際の不可抗力にも原因があると思うと、再生工事は本当に難しいと痛感しました。

耐力壁や床下の足固めと同じように、温熱改修の断熱材や、空気の通り道をコントロールする給排のダクト施工も、壁内と天井内に隠れて、目には見えなくなります。それでもできるだけ梁や柱は表しにしました。

特筆すべきは、室内を真壁でつくるために、古民家の温熱の排気計画を第三種換気によって実践したことです。

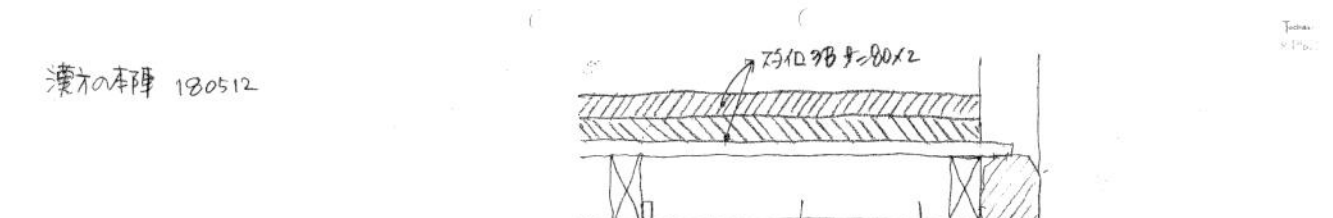

第三種換気による空気のコントロール　夏見諭氏スケッチ

押入れ下のリターン

表し天井の場合は、梁組を見せようとするとダクトを使えず、吸気と排気を機械でコントロールする「第一種換気」が選択できません。そこで排気のみで空気の流れをコントロールする「第三種換気」を採用しました。通常空気のコントロールが難しいと言われている第三種でも、断熱材施工と漏気を防ぐ気密の工夫によっては、まだまだ可能性は広がると思います。

計算によれば、外皮性能は計算上Ua値〇・五七となっています。燃費ナビによるエネルギー計算では、年間の燃費は改修前よりも五分の一まで抑えることができました。再生後のこの家では、体感温度に変化があると思いましたが、その後、旦那様からお電話をいただきました。「暑い日も快適で、家に帰るのが楽しみだ」と嬉しそうでした。これからは、古民家の再生にも温熱性能の向上は最も重要なテーマとなることは間違いないでしょう。

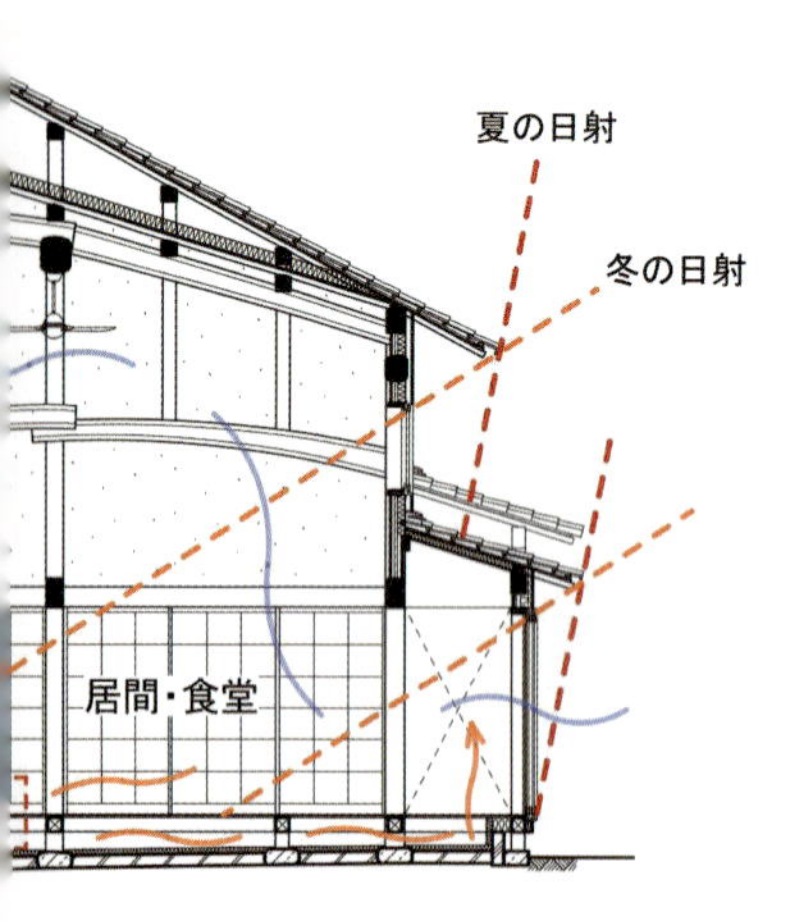

一台の床下に沈めたエアコンから温風を吹かせる

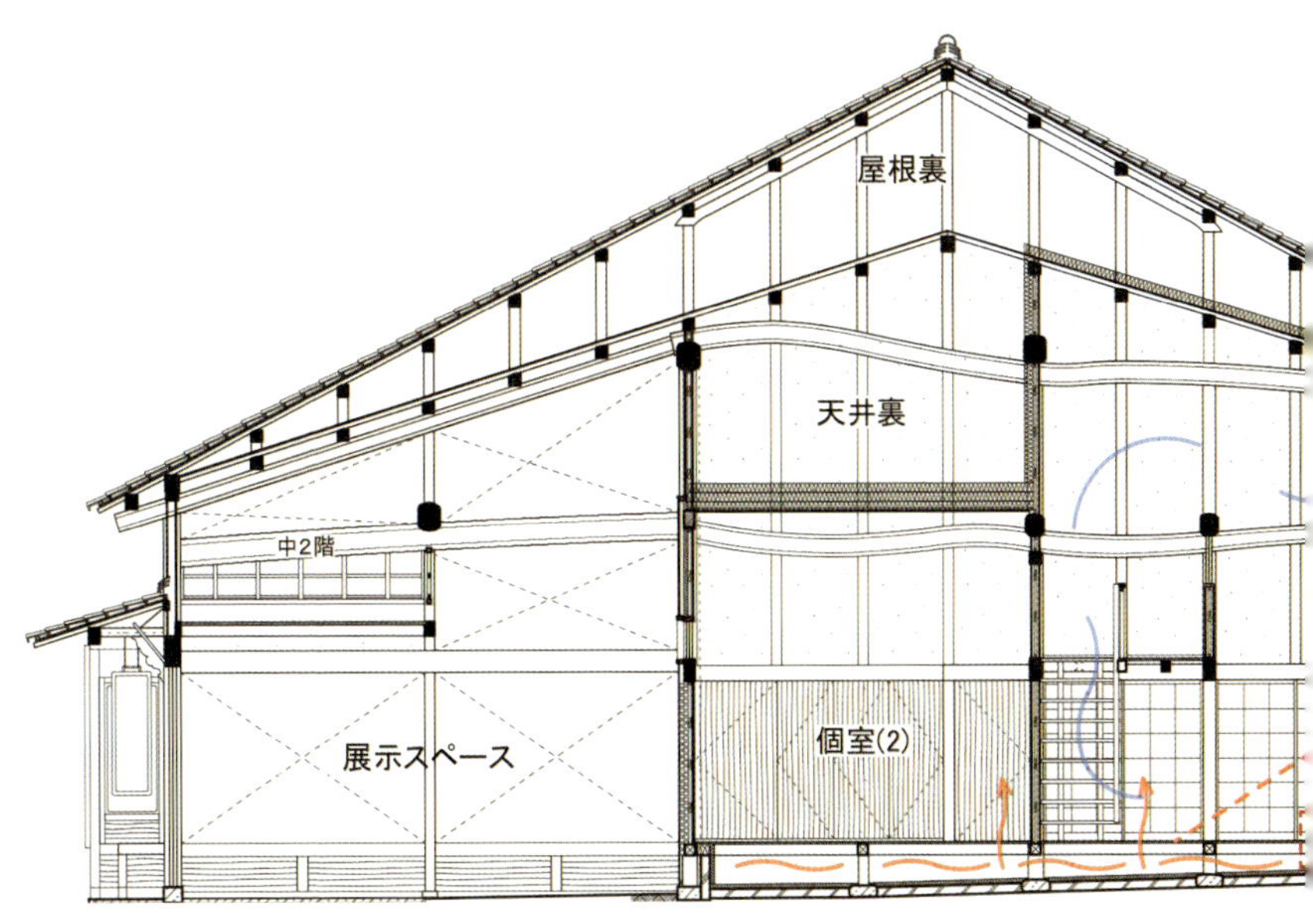

断面図で見る空気のコントロール

2007.5.25
伊根

第五章　失われた百五十年

木の家は地震に弱いか

日本は地震大国です。古代より、日本人は繰り返し起こる地震のなかで生活を営んできました。その体験から育まれた日本の木造建築は、地震に強いといわれてきました。わたしたちの祖先は地震に耐える工夫を、被災の経験の中で臨床学的に培ってきたと考えられています。

しかし、被災の歴史については、明文化された記録は限られています。絵巻物などには地震災害の記録は残っていますが、正確な被害状況を知ることは難しいのです。

また、伝承として地震の備えを施したと言われている建物はありますが、科学的根拠はないのです。大工の世界では、耐震的な知恵や工夫は「口伝」だったため、文章として残っているわけではありません。

近代になって、映像や文書などの情報整理や、記録手法が発達して研究が進んだことにより、わたしたちは過去の地震について知ることができるようになりました。『耐震木造技術の近現代史』（西澤英和著、学芸出版社、二〇一八年）には、耐震に努力した研究者の実例が紹介されています。これまでにない詳しい記録が多いので、一読をおすすめします。この本の中で再現された耐震の工夫を見て、「木の家は地震に弱いのではないか」という声も聞こえてきます。

一九九五年の阪神大震災や、二〇一六年の熊本の地震では多くの木造家屋が倒壊しました。しかし、二〇一一年の東日本大震災では、木造建築の地震被害はそれほど多くありませんでした。むしろ、津波で流された家が多かったのです。

では、日本の木造住宅は、本当に地震に弱いのでしょうか。これから古民家を再生するには、耐震についてどんな補強方法を採るのが最良なのでしょうか。

この章では、昔から地震に強いと言われている日本の家が、これまでどのようにして建てられ、これからどのようにつくればよいのかを考えるために、明治から現代までを俯瞰します。日本全国に残る古民家から、改めて伝統構法の耐震について考えてみたいと思います。

古来より木が日本の家の素材となったのは、身近に樹木が豊富に生えていたことや、木という素材が日本の気候風土や生活様式に適合していたということが挙げられます。さらに、木と木を組み合わせた木組の技術は、地震の力を柔軟に逃すという特性もあり、石やコンクリートにはない「靭性（じん）」が長所となるということもあります。

東日本大震災で地震による倒壊が少なかったのは、最初の短周期の強い地震動の後の、周期の長い地震動が小さかったことが被害を少なくしたと考えられます。

一方、阪神大震災では、初めに大きな地震動で揺らされた後、周期の長い大きな地震動が続き、「キラーパルス」と呼ばれる地震動が追い打ちをかけたために、多くの建物が壊れたといわれています。

日本建築の欧米化

木の家の耐震について語る前に、わたしたちが現在、住んでいる一般の木造住宅は、古来からの地震に対する工夫で建てられた家ではないということを知っておかなければなりません。繰り返しになりますが、戦後建てられた家は「在来工法」と呼ばれ、「伝統構法」と言われる古来の日本の家ではないのです。建築技術の歴史的変遷から、現代の建物は少なくとも三度の外来の影響を受けていると考えられます。

祖型は、縄文時代の竪穴式住居から派生した手づくりの小屋であったと思われます。掘立柱を使った竪穴式住居など、技術的には素朴なものであったでしょう。その後、飛鳥時代に仏教の伝来とともに中国から優れた工法や技術で、社寺建築が伝えられました。

その中で住居は、社寺建築の影響を受けて貴族の住宅から、武家の住宅へ変遷していく過程で庶民の家に展開していったと考えられます。ここで、小屋から発展した住居と、社寺から移行した住居が融合したのではないかと思います。農家は小屋から移行し、町家は武家の住宅から展開したと考えます。

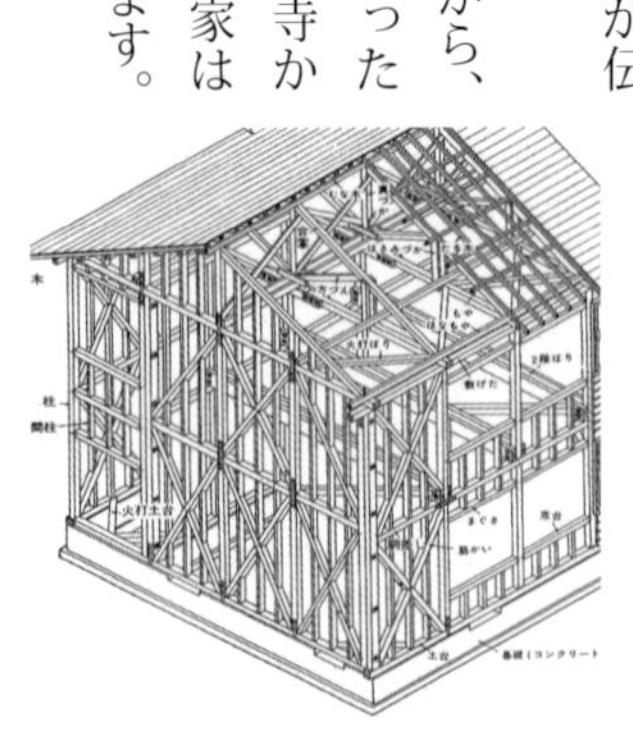

洋小屋の軸組

一方、社寺建築は、この国の気候風土に影響され、独自の発展をしてきたと考えられます。地震や台風に対する備えも然りです。鎌倉時代には、重源の尽力によって東大寺が再建されましたが、中国の宋から採りいれた「貫（ぬき）」を耐震や台風対策として採用しました。当時、大木が採れなくなっていた日本では、大型の木造建築にとって、柱に通す「貫」は画期的な構法でした。

貫の「めり込み」による「粘り強さ」と、揺れては逃がす力に逆らわない「減衰」の考え方が、地震国・日本の風土に適っていたからです。その後、三百年にわたる鎖国の結果、日本独自の発展を遂げました。明治維新による欧米化が始まる以前の江戸時代、日本建築は純粋な独自の世界観を創り出してきたと思われます。ところが、鎖国が解けたとたんに、大きな変化が起こります。

江戸時代の家づくりは、大工棟梁を中心とした職人集団が担い手でした。伝統構法と呼ばれる技術体系は、この時代に

ツーバイフォー構法の枠組

在来軸組構法の軸組

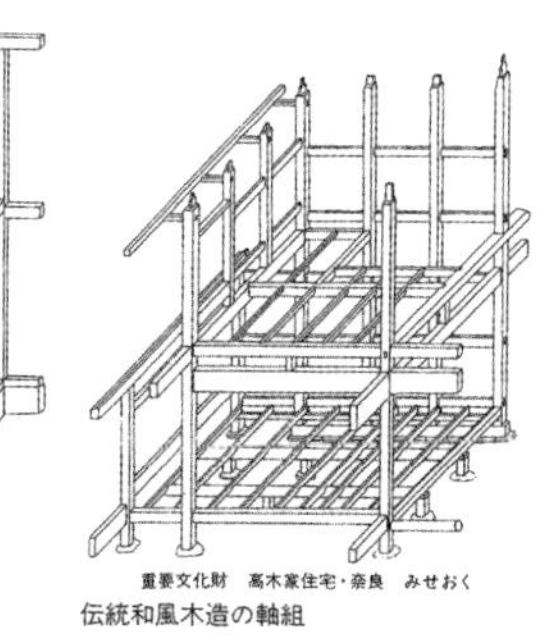

重要文化財　髙木家住宅・奈良　みせおく

伝統和風木造の軸組

軸組の変遷

発展しました。ところが、明治維新の開国によって欧米建築の技術が急激に流入します。

明治政府は、鎖国によって遅れていた各種の産業技術の取り込みを急ぎました。建築も他の産業と同じように、一気に欧米化を進めたのです。外国人建築家を日本に招喚したり、かつて武士だった若者を諸外国に派遣して、ひとりがひとつの学問を学びとって帰国し、大学に籍を置き後進を指導するという「一科一学」という施策をとりました。これが「科学」の言葉の由来だと聞いています。

つまり私たちが暮らしている家は、日本古来の工法ではなく、明治以降から外来の工法が導入された和洋折衷になってしまったものなのです。

欧米化の工法に拍車をかけたのは、明治時代に起こった大地震です。明治二十四年十月二十八日に岐阜県本巣郡根尾村を中心に濃尾地震という大きな地震がありました。

わが国の内陸地震としては最大規模のもので、当時日本に来ていた外国人建築家たちによる調査の結果、工法や防災思想の欧米化が始まりました。この地震が契機となって、日本の耐震研究が進みました。

もっとも顕著な例が「筋違い（すじかい）」という斜材です。これは、欧米では台風対策とされていた三角形不定の理に基づくトラス構法です。日本では、地震対策に有効な方法として取り入れられました。元は耐風対策だった工法を地震対策に読み替えたのです。

一説には、鎌倉時代に一度斜材を採用したものの、梁を押し上げて建物を壊したのでやめたという話です。公式には昭和二十五年の建築基準法から適用されます。

日本建築は、直材を組むことで力を「減衰」し、耐震性を確保してきた歴史があります。「貫」や「足固め」と言われる部材の「めり込み特性」を活かす考え方です。しかし皮肉なことに、この地震を契機に「貫」が衰退しました。筋違いという斜め材を入れる方が「強度」が出るということで、壁の中の貫が邪魔になったからです。

大正時代には、文化芸術の世界でも欧米化が進み、モダニズム思想がさまざまな分野に広がり、絵画や建築にも盛んに取り入れられました。「大正モダニズム」と言われた時代です。この頃から第二次大戦後までの家のつくり方は、伝統的な日本の構法と欧米様式が共存していました。日本家屋に洋館の離れが付けられたのもこの頃です。コンクリートの建物も増えました。それでも、まだまだ日本家屋は伝統を継続していたと考えられます。大工の徒弟制度も生きていました。間取りも和室が中心でした。

余談になりますが、和室は、寸法体系が尺寸の規格で統一できていたため、大正時代の家の引っ越しの折には、建具や畳を転居先に持ち込んでも使いまわしが利いたといいます。現代住宅のように和室がなくて、寸法体系の崩れた洋間とドアばかりの家では考えられないことです。

関東大震災と耐震壁

大正時代にも大きな地震がありました。大正十二年九月一日に関東地域を襲った関東大震災です。倒壊家屋十二万八千二百六十六棟、死者九万九千三百三十一人。地震後に大きな火災を引き起こしたことも、この地震の特徴でした。この後から、日本の建築は耐震性能と防火性能を高めることが国是となります。

建築物の耐震化、不燃化では、コンクリート造に比べ、木の家は不利だと考えられました。木の家は、地震に弱く火災にも弱いという考え方が強まり、公共施設の不燃化の動きが始まります。

そこで、役所や学校のような大きな建物は、木造ではなく、コンクリート造でつくられるようになります。その後、近代化や経済の発達とともに、コンクリートの建築が普及していったのは自然な流れであったとも言えます。関東大震災後には、耐震的かつ不燃の住宅を大量に供給するために同潤会という組織がつくられ、東京を中心に丈夫なコンクリート造の集合住宅がたくさん建てられました。一方、コンクリートの家は一般的には高価なので、多くの家はまだ木造でした。現在のようなプレハブ住宅もまだ誕生していませんでした。

大震災の後、昭和になって、壁を耐震要素として採用することになりました。田辺平学という当時の構造学者は、「西欧の建物のように壁を縦横に入れるべし」と論じました。建物を壁で固める耐力壁の採用です。

この規定は、学者の間で「柔剛論争」という論戦に発展しました。硬く固めるほうが地震に強いのか、やわらかく地震の力を逃がすことが得策なのか、興味深い論議がなされましたが、残念ながら第二次世界大戦の砲火が論争を下火にしてしまいました（本章末にコラム掲載）。

第二次大戦では、日本の大都市は激しい空襲に何度もさらされました。ほとんどの家は木造だったため、空襲によって街が火の海になってしまい、都市は壊滅的な打撃を受けました。

敗戦後、焼け野原となった街には多くのバラックが建てられました。当面の雨露をしのぐ程度の、住まいとは言えないような粗悪な小屋です。そこで、戦後の復興にあたっては、簡便かつ安全で、効率的な家を急速かつ大量に供給する必要が生まれたのです。

戦後復興と高度経済成長時代の家づくり

第二次大戦後、木の家のつくり方は、復興を急ぐあまり伝統的な技術を簡便化した造りに変わってしまいました。主要な骨組みをボルトや金物で補強しながら、迅速に組み立てる工法です。一九五〇年（昭和二十五年）に建築基準法が施行されました。建築物の基準が決められ、「在来工法」という呼び方で、戦後の復興の家づくりが規定されていきます。

この呼び方は、明治以来、欧米から入ってきた「外来」の工法に対しての「在来」という意味で、本来の日本の伝統的な工法の特徴を表してはいません。むしろ別物と言ってもいいかもしれません。

さらに、この法律は、第一条にある通り、「最低限の基準」として規定されています。戦後の混乱の中、不良住宅を取り締まる意味でボトムアップが必要だったのです。

当時の政府は、伝統的な木組の技術は文化庁の管轄のもと文化財級の建物に適用し、庶民の家は復興のためにもっと簡便に建てても良いと判断したようです。当時の建設省内では「庶民の家は金物で結べばいい」という気分だったと聞いています。

戦後の復興期としては、このような処遇も致し方なかったでしょう。しかし、これは木造建築にとって、金物補強による耐震手法が一般化するという、工法の簡便化の始まりであったと思います。

建築基準法によって、戦後の家は最低限の基準に押し込められてしまいました。残念なのは、この基準法以前に建てられた優れた伝統建築や古民家などが「既存不適格」と呼ばれ、現行法のもとでは､非常に建てにくい建物になってしまったことです。立派な木組の伝統構法の家や、歴史ある古民家にとっては、不名誉な基準だったのです。

戦中戦後を生きた人たちがよく昭和の時代を懐かしみます。中でも昭和三十年代が一番良かったといいます。当時、青年だった人たちにしてみれば、年々暮らしも良くなり、将来への希望もあった時代です。欧米のような家に住みたいと、みんな考えていました。2×4が輸入されたのも、この時代の流れとして理解できます。

2×4の日本進出については、故・松田妙子氏の『家をつくって子を失う』（住宅産業研修財団）に詳しく書かれています。ただし、本人は、2×4を日本に導入後すぐに伝統構法に舵を切り直し、「私は間違っていた」と述懐して、「優良工務店の会」を結成しました。日本には伝統木造が最良という判断です。国家プロジェクトであった大工育成塾にも尽力しました。

戦後は、高度成長の下、古い建物を壊して新しい建物を建てるスクラップ・アンド・ビルドの時代です。大量生産と大量消費の波に乗り、住宅が毎年百万戸以上も建てられました。他にも新しい工法の家が市場に出回ってきました。いわゆるハウスメーカーのプレハブ住宅です。「プレハファブリケーション」とは、あらかじめ工場でつくられた部材を現場で組み上げるという意味の工業化住宅です。

さらに、国産材が不足したために、外材の輸入材が大量に使われるようになっていきます。資材不足を解消すべく、合板や集成材が生まれたのもこの頃です。国産の無垢の木が価格競争に押され、家づくりの現場は、徐々に新建材に市場を奪われる事態となってしまいます。合板の製作に環境ホルモンを放出する接着材を使ったことで、新築の家が住む人のアレルギーを誘発する「シックハウス」症候群を生み、社会問題となるのです。

阪神・淡路大震災の衝撃

一九九五年一月十七日五時四十六分、大規模地震が神戸を襲いました。阪神・淡路大震災です。倒壊家屋約十万棟、死者六千四百三十四名。戦後最大の、都市を襲った直下型地震です。この地震では多くの命が奪われました。そのうちの約八十パーセント、約五千人の方が倒壊した家の下敷きになって亡くなったのです。このことは建築業に従事するわたしたちに大きな衝撃を与えました。この地震は、建築基準法で想定していた地震波の最大の強さを上回っていました。まさに想定外の出来事でした。

その後、耐震に関する規定が大きく改正され、より規制が増えたのは言うまでもありません。中でも国の告示により、直下型の地震に対する耐震性をより強化するために、ホールダウン金物の使用が、柱や筋違いの引き抜き対策として強化されました。

また、地震の直後に「プレハブは残った」という記事が朝日新聞の夕刊に掲載されたことで、ハウスメーカーのつくるプレハブ住宅が地震に強いような印象を与えました。在来工法や伝統構法で家をつくる大工や工務店は、大きな打撃を受けました。その後の構造不況と相まって、町場の工事会社や工務店は長い間、苦労を強いられています。

被災地の実情を見るたびに、わたしたちの先人である大工職人たちが、長い年月かかって工夫に工夫を重ねてきた日本の伝統家屋は本当は地震に弱かったのではないか、といわれもない不安な気持ちにさらされました。いまも地震のたびに耐震の方法が強化され、部材や金物工法が追加されて、伝統的な建物にも補強が推奨されていくという傾向が続いています。

一方で、阪神・淡路大震災を契機に、伝統構法の家づくりが見直されることになったのも事実です。大きく変形しても倒れなかった伝統的な木造の家がクローズアップされました。木の家は地震に弱いという風説に対して、貫などの変形を活かした架構が、地震の力に対して持ちこたえるのではないかと考える大工や設計者など多くの実務者から伝統構法の見直しの声が上がったのです。

その声が届いたのか、十三年後の二〇〇八年には、兵庫県の防災研究所、通称E・ディフェンスで、国土交通省の主導による伝統的構法の

1995年 阪神淡路大震災：1階が潰れた家

性能検証実験が始まりました。いよいよ日本の伝統構法の木造住宅が見直される時期が来たのです。

東日本大震災の教訓

二〇一一年三月十一日十四時四十六分、未曾有の大地震が東北地方と関東の一部を襲いました。マグニチュード九・〇という日本の観測史上最大の地震です。三陸沖の海中で太平洋プレートが大きく動いたのです。長さ五百キロ、幅二百キロにわたる地殻変動は世界でも稀な事態です。大きな揺れも続き、東京都内でもすべての建物が揺れました。

さらにこの地震は、計り知れない津波の被害を生みました。揺れがおさまってから三十分後には最高四十メートルを超える大津波が陸地の

貫で倒れなかった納屋

十キロ先まで牙を剥き、太平洋側の青森から岩手、宮城、福島、茨城、千葉の広大な範囲で市街地を呑み込みました。

大津波が去った後には、町全体が跡形もなく消えてしまった悲惨な地区もあります。建物の基礎コンクリートだけを残して、すべて押し流して破壊するという、地震被害と全く違う様相を呈しました。すべての建築にとって、津波は地震よりも恐ろしい自然災害であることを思い知らされました。

木造建築では地震には対応できても、津波対応は難しいと思います。むしろ、津波を避けるためには立地を考えること、あるいは地震が来た時に速やかに避難できるようなまちづくり、避難計画が重要だということを気づかせてくれました。

本来、家づくりは、土地選びから始まります。むかしから先人たちは、津波が到達するような低地を避けて家を建ててきたのです。古い民家の立地を見ると、地盤のよい高台が選ばれていることがよくわかります。

ところが、どこにでも住むことができると過信していた現代人は、立地に配慮しなくなったのです。津波の大きさの想定も限界がありました。このことは、現代の技術を盲信せず、過去の経験を活かして安全な土地に住んで自然の猛威を避けなければいけないということを物語っています。今回の地震は、現代社会の盲点を突く、自然界からの厳しい警告と受け取るべきだと思います。

この津波で、住まいを建てるには、災害から免れることができる好立地を選択することが大切だと知りました。それは本来、都市計画の仕事です。地盤の悪いところや、災害に遭う恐れのあるところには、人は住まわせないという見識を持つべきです。まして、地震国に原子力発電所建設は無理であるといわざるを得ません。むかしの教訓は、人の驕りをも戒めていたのではないでしょうか。

また、大地震のたびに地域の人々のつながりの大切さを痛感します。阪神・淡路大震災の折も地域の助け合いで苦難を乗り越えました。東日本大震災も東北地方の広い範囲に及んだ被害区域で、地域のつながりが人々を救った話を聞きます。多くの貴重な生命と、町や村が失われましたが、復興のための絆も生まれました。平時には忘れていた地域のコミュニティが目覚めたのです。日頃からの地域の人間関係が大切な所以です。

筆者が住んでいるのは東京の住宅地で、流動人口も多い街ですが、ひとたび災害に見舞われれば、それまでの人間関係の深い浅いにかかわらず、助け合いの精神は生まれると思います。おそらく日本中のどこの地域でも同じでしょう。災害のたびに日本人の道徳的な行動は世界の人たちを驚かせるようですが、もともと災害の多い国に住むことを余儀なくされている日本人には、身についた秩序感覚があるのだと思います。

E・ディフェンスの実大実験

阪神・淡路大震災から十三年を経て、国が伝統的な建物の検証実験をする機会をつくってくれました。二〇〇八年十一～十二月に、国土交通省による「伝統的木造軸組構法の耐震性能検証」のための実大実験が行われたのです。国が伝統家屋の実大実験を実施した記念すべき年です。兵庫県に、通称E・ディフェンスと呼ばれる実験場があります。国立の防災科学技術研究所が持つ国内最大の実験場で、実物大の家から六階建てのビルまでを振動台の上に載せて、地震の揺れを再現することができます。

ここで、伝統的な木組と土壁の実験棟二棟が、阪神・淡路大震災の地震波を入力して揺すられたのです。この実験棟の設計は当事務所で作図をお手伝いし、筆者も構法歴史部会の委員として参加しました。実験の結果、伝統木造の実験棟は二棟とも地震波を乗り越えました。二度の加振にも倒壊しなかったのです。ただし、キラーパルスは別物です。

二棟の実験棟は加振すると、どちらも足元が浮き上がり、何本かの柱が折れました。しかし、大きく変形したまま崩壊することなく、生存空間は確保できたのです。つまり、大きな地震が来ても、家の下敷きになって命を落とすことのない家であったということです。

実験に参加した実務者たちは、まずは胸をなでおろしました。一方で、課題も見えてきました。柱が折れた原因は何か？　足元の浮き上がりをどうとらえるか？　本来、柔らかい木を、硬く固めることはよいことなのか？

阪神・淡路大震災の直後、香川県の多度津の実大実験場で実験を実施したのは在来の金物工法の建物でした。十三年後には金物に頼らない伝統的な木組の家と土壁の家の違いを明らかにすることになったのです。

E・ディフェンスの実験は、伝統構法を標榜する実務者にとっては、ようやく伝統構法の木造住宅に科学のメスが入るのだという感慨がありました。

さらに、二〇一一年には足元をフリーにした伝統木造の実大実験も行われまし

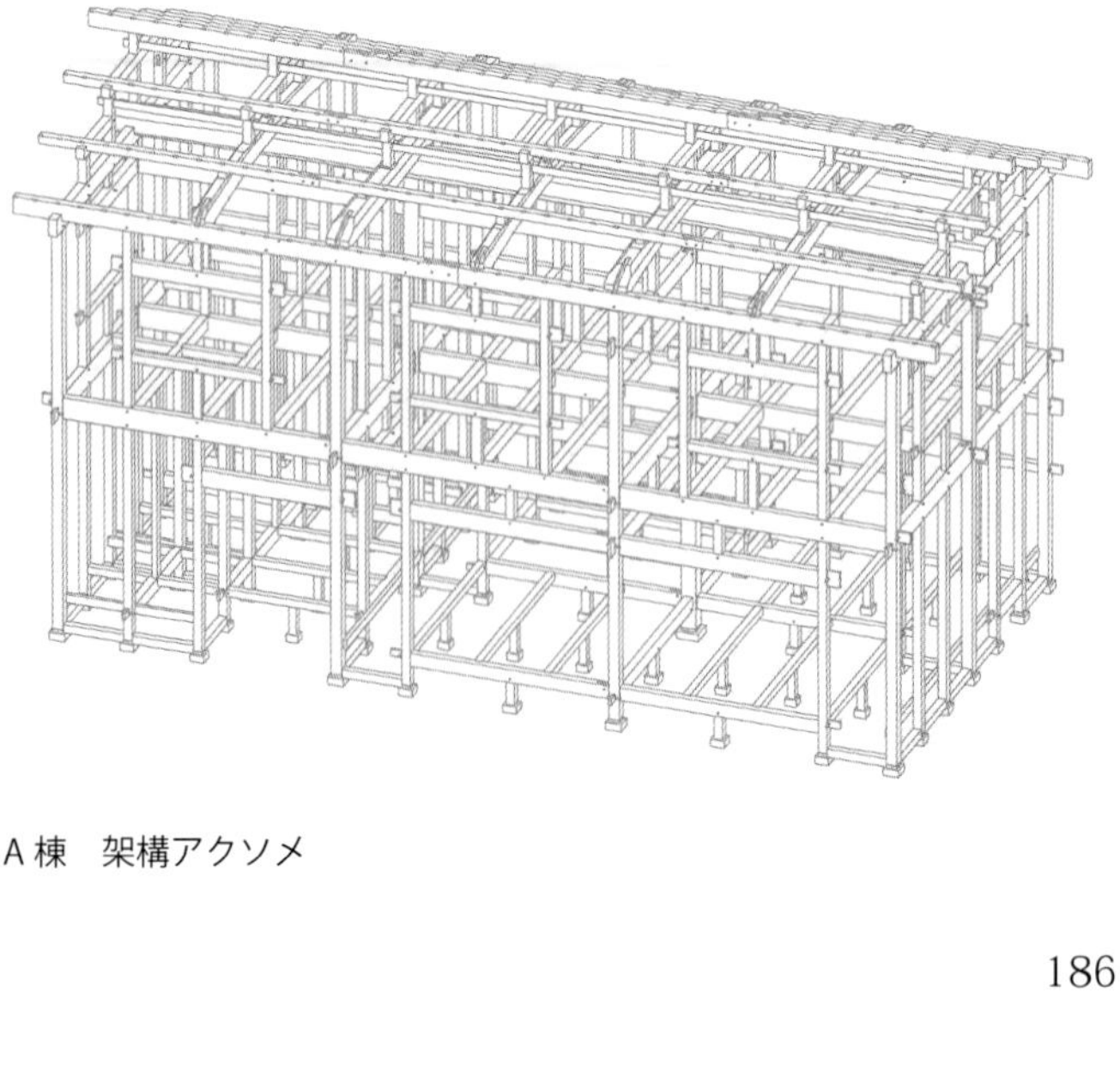

A棟　架構アクソメ

た。伝統構法はこれから、どのような方向に進むのか。実験による多くの知見を得てまさに転換期の到来と期待しました。

新たな解析法

二〇〇八年の実大実験では、通し柱に被害が集中し、胴差し部分で八本から十三本の通し柱が折れたのです。すべて同じ位置です。明治以前にはなかったという胴差しが折れました。ただし、二階部分は全くというほど被害がありませんでした。また、浮き上がった柱が土台を割ってしまいました。この実験で足元の固定の方法について議論が集中しました。

いわゆる石場建てという、日本の古い民家で行われてきた足元を固定しないつくり方

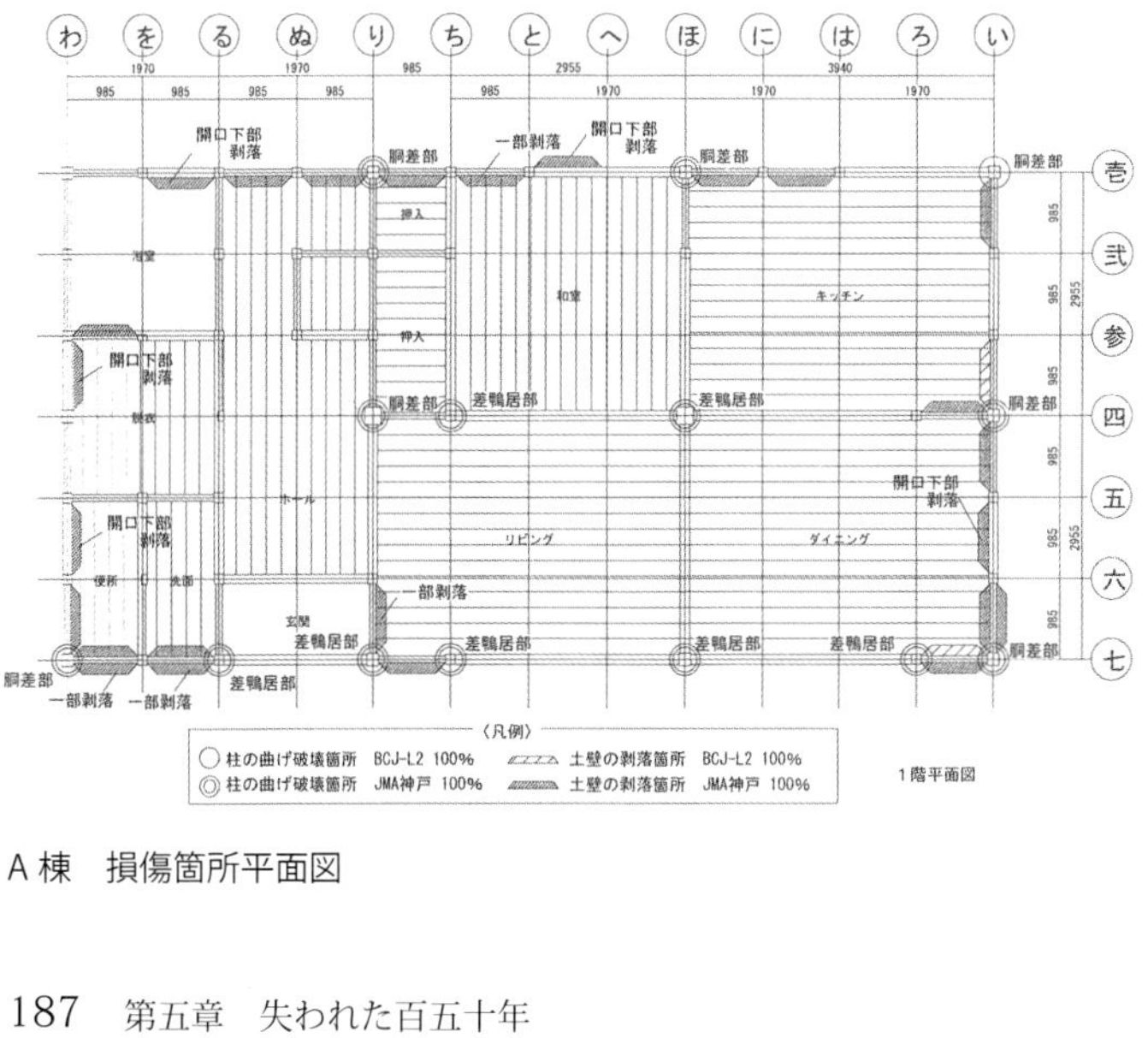

A棟　損傷箇所平面図

に注目が集まったのです。足元を固定してしまえば、建物は強い力に抗いきれずに壊れてしまいます。それならいっそ、足元は固定しない方が被害が少ないと考えられ始めたのです。

そこで足元フリーの実大実験を行うことになりました。むかしからつくられてきた石場建ての建物の科学的解析です。

二〇一一年と二〇一三年の二度にわたって、足元フリーの石場置きの実験が行われました。この実験では、足元が固定されていないため、建物が四股を踏むように歩きました。驚いたことに、柱は一本も折れませんでした。角の柱の足元が挫(くじ)いたくらいです。

明らかに足元フリーの建物の方が地震

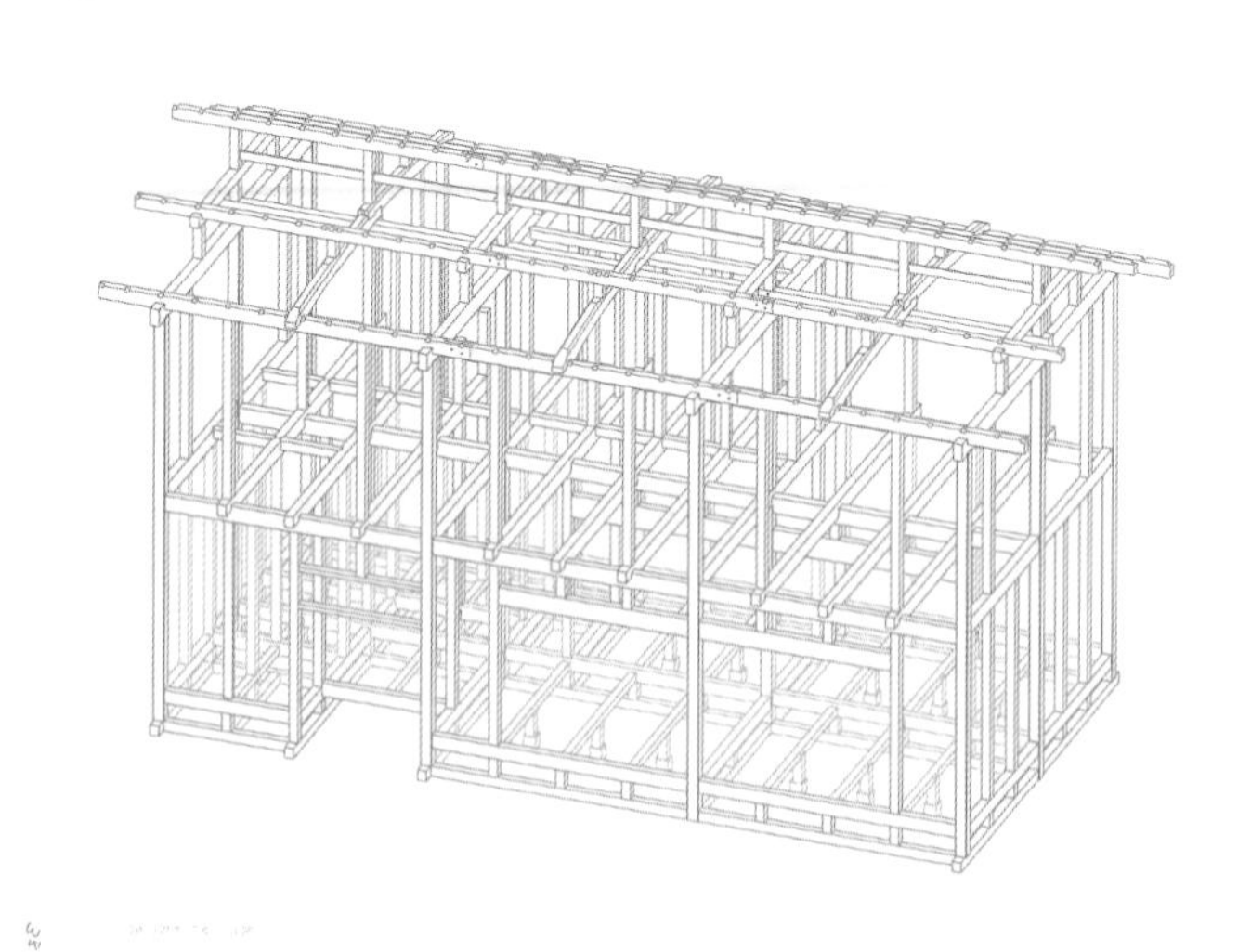

B棟　架構アクソメ

には有利だということがわかりましたが、法制化するには計算法の確立が必要となります。この文章を書いている時点で計算法は確立はできたものの、法制化は実現されていません。

千年以上もの間、技術の集積でできあ上がった伝統構法の知恵が、数年で解析できるとは思えませんが、それでも伝統構法の優れた点は、実践に活かされなければなりません。できれば新しい解析方法はこれまでのように木を均一なものと考えず、靭性を持った、ある程度、「粘り」かつ「しなる」ものとして答えを模索してほしいと思います。

木組の家が組み上がっていく建て方を見ていると、木と木を捻じ込んだり、建

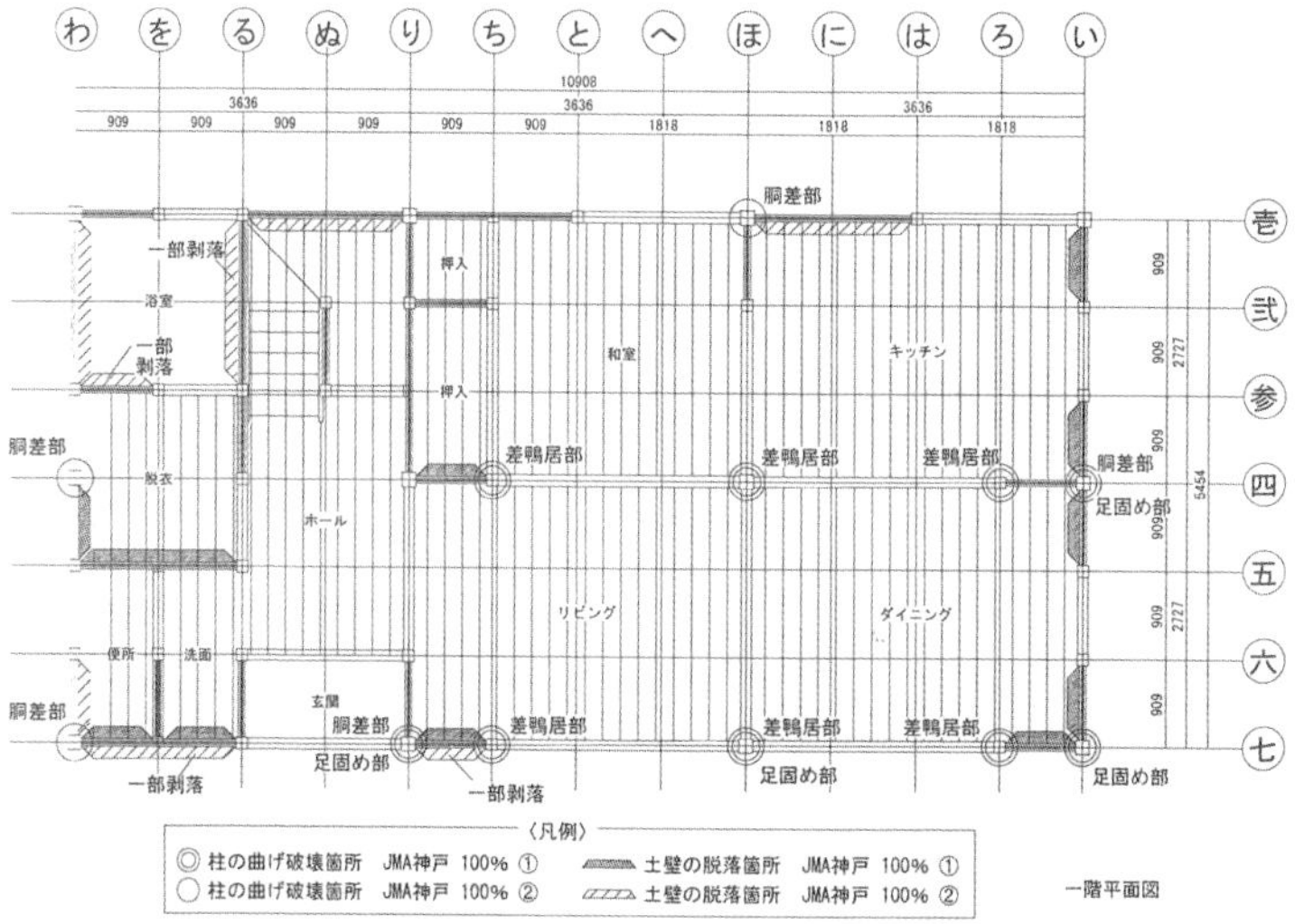

B棟　損傷箇所平面図

物を大きく傾けてこじったりしながら差し込んで組んでいきますが、その時には、木はギシギシと唸りをあげながら次第に納まっていくのです。

いつも感じることなのですが、その建て方の様子は、どう見ても硬い材料を組み上げているようには見えません。木は、粘り強く、しなりのある素材ですから「めり込み嵌め」といい、小さな穴にもめり込みを利用してねじ込む方法です。一方、鉄は「隙間嵌め」と言い、素材がめり込むことがないので、隙間に薄い材をはめ込んで固く締めることができるのです。なので同等には解析できません。

現代工法の金物工法の家は、強い力に対抗しようと金物のボルトで締めます。金物は強くて丈夫ですが、柔らかい木に対して、強すぎて周囲の木材を壊してしまいます。

二〇〇九年十月二十八日の三階建て長期優良住宅の

足元フリーの実験　一本の柱も折れなかった

実大実験が物語るように、金物を多用した建物が倒壊したことによって、そのもろさは実証済みです。

「豆腐を針金で釣ってはいけない」という格言にもあるように、本来、木はやわらかい母材です。強い金物を使ってはいけないと思います。

また、「絶対に壊れないものは、つくれない」ということです。巨大地震のような未曾有な力に対しては、倒れない建物はないと知るべきです。むしろ、倒れたとしても、家の下敷きとなって人が死なないことと、逃げる時間を確保することが大切であると考えます。いわゆる「生存空間」の確保です。

貫を入れた木組の家は、強い衝撃を受けると大きく変形しますが、高い変形性能を持ち、

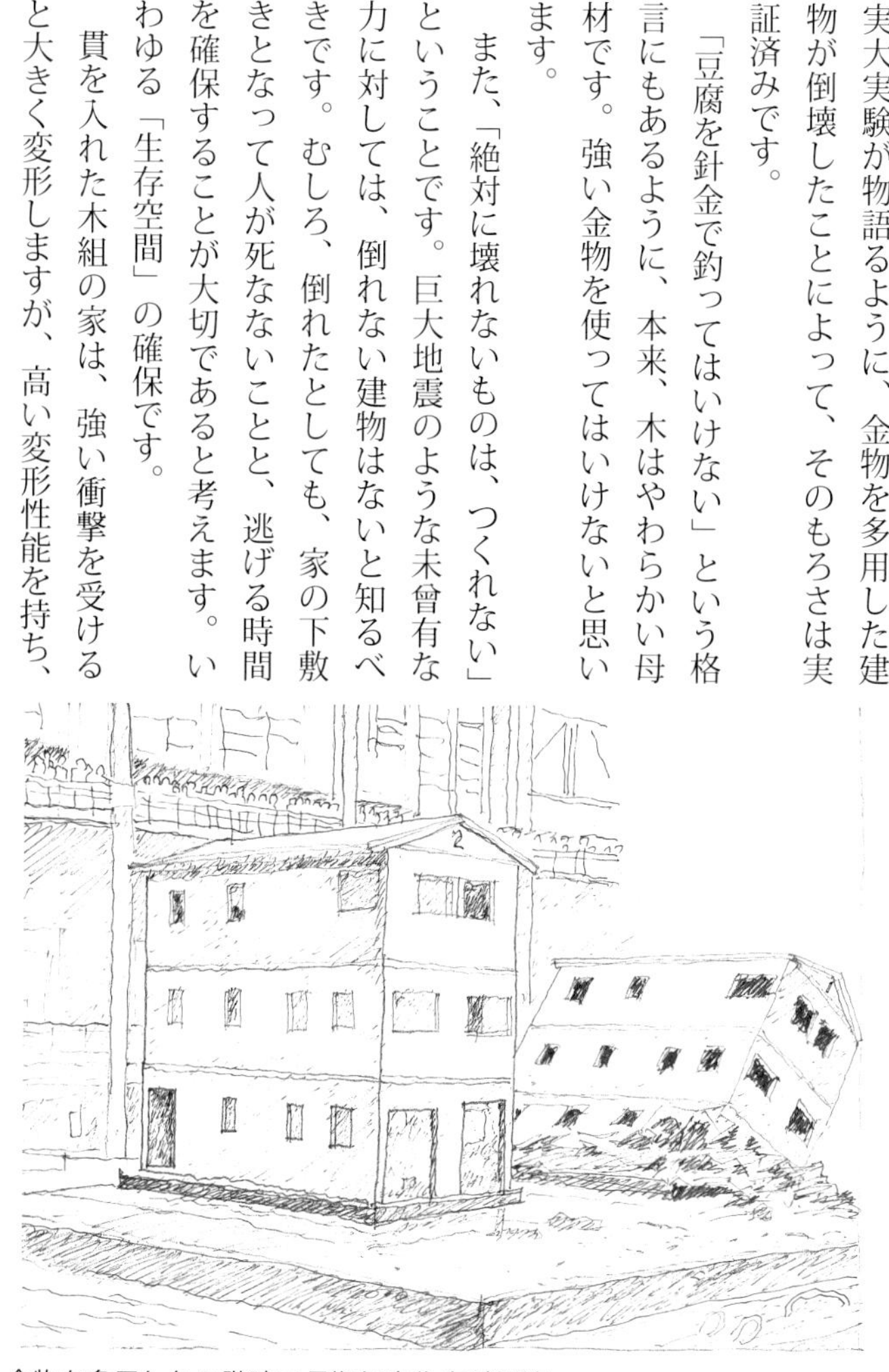

金物を多用した３階建て長期優良住宅が倒壊

傾いたままで粘り強く持ちこたえます。また元に戻る復元力があり、繰り返しの揺れに耐える上に、たとえ柱が折れても貫が折れなければ、倒壊することはありません。

古民家のような建物の解析には、木の特性を考慮した「限界耐力計算」が最も優れていることはすでに述べました。壁の量で応力に耐えるのではなくて、木組の特性である「貫」の「めり込み」を活用すべきです。

今日、筆者が木組の家をつくり続けられているのも、古民家から多くのことを学んだおかげだと思います。しかし、伝統的な古民家の再生や木組の家づくりの実践には、この本で見てきたように、多くの乗り越えなければならない壁があります。

その一つが、地震国日本を生きてきた古民家が本来持っている、耐震の工夫の解明です。

さらに、二つ目が世界基準から遅れを取っている温熱性能の向上です。

近い将来、誰もが活用できるような耐震性能が開発され、標準的な設計法の確立が望まれています。答えはすでに古民家の中に隠れていて、先人たちが工夫を重ねてつくってきた町家や農家などの伝統的な日本家屋が、新しい解析方法によって脚光を集める日が来るはずです。

長い時間を生きてきた宝物のような古民家が、「既存不適格」などという不名誉な呼ばれ方をされていることを返上しなければなりません。

また欧米から三十年の遅れを取っていると言われている「省エネルギー」の基準にも早く到

達しなければ、地球環境は待ってはくれません。その時、ようやく日本の家づくりは、明治以降失われた百五十年を取り戻し、前に進むことができるのです。いまこそ、明治に止まってしまった時計を進める時です。

始めましょう、「日本を住む」ことを。

コラム「柔剛論争」

一九二三年(大正十二年)、関東大震災の後、昭和初期にかけて、柔構造を支持する海軍省技師の真島健三郎と、剛構造を支持する東京帝国大学の佐野利器やその門下生・武藤清教授による柔剛論争があった。これは地震動に基づき、耐震設計に対してどちらが優れているかを論争したものである。

高層ビルにおいては地震や強風といった様々な圧力に対して十分な粘り強さを確保する必要があり、そのための実現の方策として柔構造の利用が提唱された。とりわけ、地震の多い日本に千年以上立ち続けている例もある五重塔の構造から構想を得たものともいわれている。

一方、柔構造に対して、外力に対して変形などを防ぐために強固の構造とするのが「剛構造」である。煉瓦造および石造建物にも甚大な被害をもたらした関東大震災の翌年に、現在の建築基準法の前身でもあり、建物の設計基準を定めた市街地建築物法を改正、ここで水平震度〇・一という耐震規定が世界で初めて定められる。

大地震の教訓や種々の研究をふまえて法令や設計基準が随時整備されて日本の耐震構造は著しい発展を遂げるが、基準のベースとなっているのはこのときから示された佐野らの考え方であった。

一九一四年(大正三年)に佐野は「家屋耐震構造論」(震災予防調査会編纂で第八十三号甲乙、丸善から一九一七年(大正六年)に刊行)を発表し、この中で地震力として建物の重さの何割かの力、水平震度を水平方向に作用させて設計を行う震度法を提案。これにより静的震度法と呼ばれる耐震計算法に基づいた耐震構造が大きく発展する。

一九二二年(大正十一年)には佐野の弟子である内藤多仲が「架構建築耐震構造論」を発表し、水平力に対する応力計算法を示している。その間、一九一九年(大正八年)に市街地建築物法が公布、翌年から施行され、この法に構造強度確保のための長期荷重に対する構造計算法が定められることとなった。

一方、真島はこの時期、土木学会に多数の論説を発表しており、その一つに関東大震災の翌年の一九二四年(大正十三年)、『土木学会誌』第十巻第二号に発表した論説『耐震家屋構造の撰擇に就て』において「柔性建築」を提言している。また耐震法を、「西欧建築のように、壁体を剛強にして地震動に正面から腕ずくで対抗する方法」と「日本の木造建築や鉄骨造の如く、撓みやすい架構として地震動を避ける方法」の二つとし、さらに、「耐震構造」を考えるには「建物の固有振動周期と地震の周期の関係を無視することはできない」とした。

また、日本で幾度か大地震に遭ってきた頭に重い荷を負っている大寺院も「殆んど四方明け放しで、耐震壁も、筋違も、ボールトも、短冊鉄物もなく、それで百千年厳然と立って居る（中略）之に筋違を入れたり、耐震壁を設けたり、ボールトで締付けたり耐震補強を（することは）緩衝装置を取り外したと同様で折角の柔性を損し危険率を増す」とし、「日本に古来剛性建築が一つもないのは、地震の多い日本には不向きなことを知っていたからだろう。（中略）要するに、壁に重きを置く剛性建築は耐震上は恐るべき」こととした。

この後、一九三〇年（昭和五年）、伊豆半島北部で起きたM七・三、震度六の北伊豆地震の被災状況を視察した真島が当時の朝日新聞に寄稿、木造建築が差鴨居・差物を柱間に組み込んだ架構に被害が少ないことを報告している。

データが十分にない当時では基本的に決着はつかなかったが、どちらの技術もその後の建築構造設計に多大な影響を与えた。その後、日本初の高層ビルとなった霞が関ビルを構造設計するにあたり、東京大学教授から鹿島建設副社長となった武藤清は耐震構造の専門家として柔構造を採用し、その設計を行った。

この本の中で、筆者が古民家の再生に採用している「限界耐力設計法」は減衰の考えを取り入れた柔構造の考え方である。

あとがき ── これからの日本の家をつくる

一九六〇年代の高度成長期のはじめ、高速道路が日本でもつくられ始めた頃、あるテレビ番組で外国人のゲストコメンテイターが、まだ手つかずの自然が残っている「美しい日本の風景が、高速道路などで壊されてゆくのはとても残念だ」と嘆いたことを覚えています。

一九七〇年代には「列島改造論」（田中角栄）が書かれ、日本の美しい原風景はモータリゼーションの嵐の中で吹き飛んでしまい、高速道路が網の目のように整備された国となりました。

高速道路同様、新幹線の高架も各地で美しい風景を寸断しています。ダム工事や河川改修などの土木事業も同様です。ダムに沈んだ集落の多くには、自然の中で桃源郷のような暮らしがあったことでしょう。また全国の河川は、改修工事によってコンクリートの三面張りになってしまいました。この工事が、全く景観に配慮していないばかりか、川に棲む生物の生態系をも奪ってしまっています。

市街地には電柱が立ち並び、コンクリートの柱で縁取られた風景が、全国どこに行っても目に付きます。おかげで多くの人たちが、電線のある町並みに慣らされてしまい、これが日本の風景だと思っています。子どもたちは、電線のない風景の美しさを知らないかもしれません。

それでもＪＲの駅には、毎年季節ごとに美しい日本の風景のポスターが貼られます。邪魔な電線を画面から外して撮影した観光地の写真です。ポスターの謳い文句は、日本は美しい国だ、だからみんな旅に出ようと人々を誘います。トリミングされた風景だけを見て、美しいという欺瞞をいつまで続けるのでしょうか？

欧州を旅行した方ならば、経験していると思いますが、美しい絵葉書のような街の中から日本に戻ってきたときに日本の町が美しいと感じるでしょうか？　残念ながら、どこを見ても美しいとはいえない風景だと思います。むしろ乱雑で汚いと感じるのではないでしょうか。いったい欧州と日本のまちづくりはどこが違うのでしょう。

もともと日本人は、美しい街や風景を愛でてきた民族であると思います。和歌や俳句は、各地の美しい光景を歌い上げています。むかしから感受性豊かな日本人は、心に映る景色の豊かさを表現してきました。

それなのに乱雑な景観をつくってきてしまったのは、何が原因でしょう。もう少し景観に配慮したまちづくりはできなかったのでしょうか。いま、わたしたちの住む身近な風景の中に、どれくらい美しいといえる場所があるでしょうか。

江戸八百八町は美しかったといいます。明治になって欧米文明を急激に受け入れたために、景観形成まで手が回らなかったのでしょうか。それとも第二次大戦で家々を焼かれた後の復興に余裕がなかったのでしょうか。さらに戦後制定された建築基準法が美しさの基準を持たないまま、七十年もの間、最低限の基準しか示さず、美観に欠ける建造物を建て続けてきたからでしょうか。

見渡せば絶望的になるような風景の日本の町並みですが、救いに思えるのは、いまだに美しい景観を保った歴史的な町並みや民家が、全国に数多く残っていることです。

それは、先人たちがむかしから思いを込めてつくってきた伝統的な建物群です。これからつくる日本の風景を考えるとき、わたしたちの美しさの拠り所は、そこにあります。

しかし、時間を止めることができないように、歴史を逆戻りすることはできません。明治維新によって日本の伝統が進化を止めたのだとすれば、百五十年あまりの混迷を日本の伝統の過渡期としてとらえ、これからは新しい技術との融合で、再び進化を促す時ではないでしょうか。

3・11以降の家づくりは、エネルギーの問題を解決しながら、景観や環境に配慮して進めなければいけません。それにはまず日本の古民家をつくってきた先人たちによる自然の活かし方を素直に学び、むかしからの伝統の技術をいまに取り込み、未来につなげることだと思います。

いま、まさに実践の時です。古民家には現代の家づくりに活かすことのできる、多くの知恵や工夫があります。まだまだ記憶の新しいうちに始めなければいけません。

これからの住まいを考えるならば、古来より先人たちがつくってきた古民家を、日本独自の民俗学的建築として受け継がないことには、未来の家づくりの道が開かれるとは思えません。

大切なことは古民家をつくってきた先人たちや、地域の自然と歴史に学ぶことです。
いまこそ、古民家を見直し、止まってしまった時計を前にすすめるときです。
それがいつか「古民家への道」につながるからです。

この本の執筆でお世話になったみなさまに、感謝申し上げます。
柳宗悦氏の趣意書を引用させていただいた日本民藝協会、お忙しい中、校閲をお引き受けいただいた後藤治先生、限界耐力計算を教えていただいた樫原健一先生、貴重な意見をくれた友人の内田文雄さん、敬愛する設計者の横内敏人さん、泉幸甫さん、校正をしてくれた、きむらめぐるさん、川口和正さん、これまで、私のわがままを聞いてくれた家族や所員のみなさん、「き」組メンバーのみなさん、構造設計の川端眞さん、山中信悟さん、温熱計画の夏見諭さん、実大実験の委員の方々、ともに家づくりを実践してきた現場の職人さんと工務店のみなさん、本当にありがとうございました。

最後に、古民家をつくってきた先人たちに敬意を表します。

二〇一九年十月吉日

松井　郁夫

写真撮影

千葉顕弥・木寺安彦・奈良岡忠・松井郁夫・稲次敏郎

図版出典

「木造住宅【私家版】仕様書」 松井郁夫　小林一元　宮越喜彦　エクスナレッジ

「日本列島伝統構法の旅」 松井郁夫 「建築知識」連載

参考文献

「民家の見かた調べかた」 文化庁監修　第一法規

「日本の民家」 伊藤ていじ・二川幸夫　美術出版

「民家は生きてきた」 伊藤ていじ　鹿島出版会

「重源」 伊藤ていじ　新潮社

「谷間の花が見えなかった時」 伊藤ていじ　彰国社

「木造軸組構法の近代化」 源愛日児　中央公論美術出版

「民家の自然エネルギー技術」 木村健一編　彰国社

「日本建築史」 後藤治　共立出版

「日本の民家」 今和次郎　岩波文庫

「自立循環型住宅への設計ガイドライン」　財団法人・建築環境・省エネルギー機構

「民家帖」 蔵田周忠　古今書院

「木組の家に住みたい」 松井郁夫　彰国社

「いまこそ木組の家に住みたい」 松井郁夫　彰国社

「木組でつくる日本の家」 松井郁夫　農文協

「近くの山の木で家をつくる運動宣言」 緑の列島ネットワーク　農文協

「木に学べ」 西岡常一　小学館

「法隆寺を支えた木」 西岡常一・小原二郎　NHK ブックス

「地震と木造住宅」 杉山英男　丸善

「木造住宅の耐震設計」 樫原健一・河村廣　技報堂出版

「伝統構法を生かす木造耐震設計マニュアル」 同委員会　学芸出版社

「参加のデザイン道具箱」 世田谷まちづくりセンター

「一語一絵　地球を生きる」（上・下） 岩崎駿介　明石書店

「都市を計画する」 田村明　岩波書店

「新・町並み時代　まちづくりへの提案」 全国町並み保存連盟　学芸出版社

「京の町家」 島村昇他　鹿島出版会

「大工・田中文男」 普請研究　第 39 号

「現代棟梁・田中文男」 LIXIL 出版

「継手・仕口―日本建築の隠された知恵」 INAX　BOOKLET

「犬と鬼」 アレックス・カー　講談社

「美しき日本の残像」 アレックス・カー　朝日文庫

「伝統的木造軸組構法住宅の耐震性能検証実験報告書」 財団法人　日本住宅・木材技術センター

「伝統構法の設計法作成及び性能検証実験検討委員会報告書」 緑の列島ネットワーク

「耐震木造技術の近現代史―伝統木造家屋の合理性」 西澤英和　学芸出版社

「日本建築史序説」 太田博太郎　彰国社

「家をつくって子を失う」 松田妙子　住宅産業研修財団

「南西諸島の民家」 野村孝文　相模書房

「合掌造り民家はいかに生まれるか」 白川郷・技術伝承の記録　白川村教育委員会

「住まいから寒さ暑さを取り除く」 荒谷登　彰国社

「日本の木造住宅の 100 年」 坂本巧監修　日本木造住宅産業協会

「自慢できる茶室をつくるために」 根岸照彦　淡交社

「建築語源考」 飯塚五郎蔵　鹿島出版会

「民家をつくった大工たち」 吉野正治　学芸出版社

「柳宗悦」 水尾比呂志　講談社

著者経歴　松　井　郁　夫（まつい　いくお）

1955 年　福井県大野市生まれ
1977 年　東京藝術大学美術学部卒業（工業デザイン専攻）
1979 年　東京藝術大学大学院美術研究科修了（環境造形デザイン専攻）
1979 年　現代計画研究所（都市計画室・アーバンデザイン担当）
1983 年　元大工棟梁・建築家事
1985 年　松井郁夫建築設計事務所設立
2019 年　株式会社　松井郁夫建築設計事務所　代表取締役
URL: http://matsui-ikuo.jp/
ワークショップ「き」組　理事長
URL: http://kigumi.jp/
内閣府地域伝道師
日本大学生物資源学部講師

著　　書　木造住宅【私家版】仕様書　共著　（エクスナレッジ）
「木組」でつくる日本の家（農文協）
「木組の家」に住みたい（彰国社）
いまこそ「木組の家」に住みたい（彰国社）

主な建築作品
1991 年　篆刻美術館（登録文化財）
1993 年　生協 いいの診療所（ワークショップ手法）
1995 年　かやぶきの家（ナショナル建築賞）
越谷の家（越谷市景観賞）
1996 年　浜田山の家
1998 年　やなぎや薬局 古民家再生（大野市景観賞）
1999 年　宇都宮の家 古民家再生（東京ガス建築賞）
鷹栖の家 古民家再生
まちつくり酒屋・銀行（熊本県景観賞）
2001 年　福井の家
夏見台の家
2002 年　金沢文庫の家
2003 年　あきる野の家 古民家再生
2004 年　田舎暮らしを楽しむ家
2005 年　再架構の家
蛍舞う丸子の家
2006 年　検見川の家（木の建築賞）
2011 年　吉祥寺の家Ⅱ
2013 年　高円寺の家
2015 年　松本城の見える家（薪ストーブコンテストデザイン賞）
2016 年　おもてなしの古民家再生
東馬込の家
2019 年　鎌倉「古今」
八王子の古民家再生
本陣薬局 古民家再生
さくらさくみらい保育園＋共同住宅

古民家への道　民家再生―日本を住む

2019年10月31日　第一版発行

著　者　　松　井　郁　夫
発行者　　松　井　郁　夫
発行所　　ウエルパイン書店

〒165-0023 東京都中野区江原町 1-46-12-102

電話　03-3951-0703
MAIL　wellpinebooks@gmail.com

印刷所　シナノパブリッシングプレス

ISBN　978-4-910069-00-5　C3052